Simone Heintze und Julia Fiedler (Hg.)

Ein Himmel voller Segen

Über die Autorinnen

Simone Heintze erkrankte als Jugendliche zweimal an
Morbus Hodgkin und als erwachsene Frau zweimal an
Brustkrebs. Sie ist von Beruf Bankkauffrau und mittlerweile
aufgrund der Erkrankung Rentnerin. Ehrenamtlich
engagiert sie sich als Versichertenälteste für die Deutsche
Rentenversicherung Westfalen, als Grüne Dame und in
ihrer Kirchengemeinde. Sie lebt im Ruhrgebiet.

Julia Fiedler lebt mit ihrem Mann und ihren vier
Söhnen am Ruhrgebietsrand. Nach ihrem Studium
der Theaterwissenschaften, Germanistik und
Wirtschaftswissenschaften an der Ruhr Uni Bochum
arbeitet sie als Redakteurin und freie Autorin. Menschen
und ihre Geschichten mit Gott sind für sie das spannendste
Thema überhaupt.

Simone Heintze & Julia Fiedler (Hg.)

Ein Himmel voller Segen

Wahre Geschichten vom Segnen
und Gesegnetwerden

GerthMedien

Inhalt

Gottes Segen sei mit dir
an jedem einzelnen Morgen,
wenn du dein weiches Bett verlässt.
Er begleite dich durch den Tag mit
Kraft, Freude, Mut und Zuversicht.
Auch an den traurigen, weinenden, trost-
und hoffnungslosen Tagen sei Gottes Segen
ganz besonders mit dir.
Er schenke dir den festen Zuspruch:
Gott heilt die verwundeten Herzen und
lässt auf Regen wieder die Sonne scheinen.

Gottes Segen sei über dir
wie ein bunt leuchtender Regenschirm.
Er schenke dir Schutz vor bösen Worten,
vor verletzenden Gerüchten und Anfeindungen,
aber auch vor deinen eigenen Schuldgefühlen und Selbst-
vorwürfen.
Immer wieder darfst du seine Vergebung spüren
und dir auch selbst vergeben.

Gottes Segen sei in dir,
wenn dich innere Einsamkeit überfällt.
Er möge dein Herz erwärmen mit bedingungsloser Liebe.

Dein Herz darf überlaufen und all das Gute verströmen,
das dir im Leben schon begegnet ist.
Tiefe göttliche Dankbarkeit erfülle dich.

Gottes Segen umhülle deinen Körper, deinen Geist
und deine Seele.
Er heile dich innerlich und äußerlich und schenke
deiner Seele viele Lichtstrahlen.
Er füttere deine Gedanken mit Worten der Bibel
und mit Worten von lieben Menschen.
Angst, Sorge, Gedankenkreisen und Hoffnungslosigkeit
sollen von dir weichen.
Er heile deine Gebrechen.

Gottes Segen umhülle dich mit Liebe und Frieden.
So viel, dass du andere Menschen mit Liebe
und Frieden beschenken darfst!

So sei gesegnet.

Wir stellen uns vor

Dieses Buch ist bereits unser viertes gemeinsames Projekt und hätte man uns gefragt, hätten wir nie geglaubt, dass wir mal ein Buch über den Segen schreiben, und schon mal gar nicht, dass so viele Menschen mit an diesem Buch beteiligt sein würden und es mit ihren Geschichten bereichern. Aber wo wir Gott machen lassen, klopft oft Unerwartetes an die Tür. Und so ist aus der Idee: „Wir schreiben auf, welche Erfahrungen wir mit dem Segen und dem Segnen gemacht haben", ein richtiges Gemeinschaftswerk geworden. Wir hoffen, dass auch du viel Freude beim Lesen und Entdecken haben wirst, dass du dich berühren lässt, mit eintauchst und spüren kannst, Gottes Segen ist real. Wir können jedenfalls sagen, dass wir uns selbst durch jede Geschichte, die bei uns eingetroffen ist, bereits unglaublich gesegnet fühlten, und dass wir uns sehr wünschen, dass dieses Gefühl mithilfe dieses kleinen Buches auch andere Menschen erreicht.

Julia Fiedler, geboren 1975 und aufgewachsen im niedersächsischen Städtchen Celle, wollte als Kind immer in die Berge ziehen, am liebsten nach Österreich. Nach dem Abi

1994 zog es sie dann aber doch erst mal nach London und dort hat sie prompt ihren Mann kennengelernt, einen Deutschen. Deshalb lebt sie heute auch immer noch nicht in den Alpen, sondern mit Mann und vier Söhnen in Gevelsberg, wo sie als Redakteurin und Autorin arbeitet. Die Liebe zu den echten Bergen ist aber noch immer da und darum sind diese bevorzugtes Sommerferien-Sehnsuchtsziel. Genauso groß ist ihre Liebe zu Geschichten, die Menschen mit Gott immer wieder neu erleben.

Simone Heintze[*], geboren 1974 im schönen Baden-Württemberg. 1997 von Süddeutschland der Liebe wegen nach Nordrhein-Westfalen gezogen. Sie war fast 20 Jahre glücklich verheiratet, gesegnet mit drei wundervollen Kindern – Marvin, Sarah und Theresa –, ehrenamtlicher Kirchenarbeit und Rentenberatung, da machte es RUMMS. 2017 kam mit 43 Jahren die vierte Krebsdiagnose inklusive Scheidung. Sprachlos. Hoffnungslos!

Mit 13, 16 und 39 Jahren waren die Krebserkrankungen mit viel Mut und Gottvertrauen und drei Büchern, die sie zusammen mit Julia Fiedler geschrieben hat, besiegt. Doch nun tat sich ein echter Abgrund auf. Eine vierte Krebserkrankung, das war nicht zu überleben. Dieser Tiefschlag stellte ihren Glauben an Gott auf eine harte Probe. Es war einfach zu viel. Sie haderte mit ihrem Glauben, war unendlich ent-

---

[*] Die Lebensgeschichte von Simone Heintze finden Sie in dem Buch „Wäre schön blöd, nicht an Wunder zu glauben", erschienen 2020 bei Gerth Medien.

täuscht von Gott, dass er sie so hängen ließ. Da mitten hinein in diese fast nicht auszuhaltende Situation sprach Gott seinen Segen. Einen Segen, der ihr Denken und ihren Glauben veränderte. So entstand dieses Buch. Lass dich mitnehmen und erlebe den Segen Gottes ganz neu.

Simone Heintze und Julia Fiedler

Ein Himmel voller Segen! –
Wenn dich Gottes Segen findet.

Es ist genug für alle da

Es war am Ende des ersten Corona-Sommers, als Simone auf mich zukam und meinte, es gäbe wieder Arbeit. Ein neues Buchprojekt. Was ich davon halten würde, ein kleines Büchlein über den Segen zu schreiben. Ohne so richtig zu wissen, was wir da vorhatten, und ohne selbst sofort ein eigenes großartiges Erlebnis mit dem Segen im Kopf zu haben, war da in mir spontan ein Ja. Ja, machen wir, es gibt so viele schöne biblische Segensgeschichten, lass uns ein Buch übers Segnen schreiben. Es war, als hätte ein Thema bei mir an die Tür geklopft und gesagt: „Grüß Gott, da bin ich endlich."

Ich schlug die Bibel auf und blätterte bis zu Offenbarung 22,21. Dort stand: „Die Gnade des Herrn sei mit uns allen!" Das Buch der Offenbarung endet mit einem Segen. Die Gnade des Herrn Jesus sei mit uns allen – uns allen, nicht nur mit einem kleinen Kreis besonders Frommer. Gottes Segen, so wie er in der Bibel verheißen wird, gilt allen Menschen ohne Einschränkung. Wenn es nach Gottes Willen ginge, dann würden wir alle einen Platz unter seinem großen Segen finden. Er hat sein Ja zu uns längst ausgesprochen.

Für mich war dieser Satz eine Entdeckung und ein großer Mutmacher. Wenn ein Segen das Letzte ist, was die Bibel uns mit auf den Weg gibt, steckt dann darin nicht auch ein Auftrag für uns, diesen Segen möglichst vielen Menschen zuteilwerden zu lassen? Wäre es dann nicht gut, alle Scheu abzulegen und weiterzugeben, was wir selbst empfangen haben?

Weitergeben, was wir selbst empfangen haben. Das ist natürlich auch die Botschaft des Missionsauftrags, den Jesus seinen Jüngern gibt, als er ihnen befiehlt, hinzugehen und alle Völker zu lehren, was er ihnen beigebracht hat (Matthäus 28). Doch für mich steckt in diesem biblischen Abschlusssegen noch einmal eine andere Facette, die darauf hinweist, nicht nur die Frohe Botschaft von Jesus weiterzuerzählen, sondern sie auch im Segen für andere Menschen fühl- und erfahrbar zu machen. Glauben ist eine Beziehungskiste zwischen Mensch und Gott. Wer im Segen spüren darf, Gott hat längst Ja zu dir gesagt, der kann sein Leben in dem Bewusstsein, sein geliebtes Kind zu sein, gestalten. Aus der Pädagogik wissen wir, wie wichtig Bindung und eine verlässliche Basis sind, damit Kinder neugierig, mutig und voller Gestaltungswillen der Welt entgegentreten können. „Steh auf und iss!" (1. Könige 19,7) ist dann kein Befehl, sondern ein liebevoller Stupser.

So wie der Stupser, der bei mir an die Tür geklopft hat und meinte, es wäre dran, ein Buch über den Segen zu schreiben. Eine kurze Recherche quer durch die Buchlandschaft verriet mir, dass es zum Segen doch schon so einiges gab. Menschen, die davon erzählten, welche Segensspuren

Gott in ihrem Leben hinterlassen hatte, wann und wo sie sich gesegnet fühlten. Irische Segenssprüche, Segenswünsche, Glückwunschkarten, Kalenderblätter.

Vieles ist wirklich schön, herzerwärmend und ermutigend. Dazwischen klangen in meinen Ohren Gespräche, die ich mit Menschen in meinem Umfeld geführt habe und die offenbaren, der Segen gehört zum Gottesdienst wie das Amen ans Vaterunser. Aber dort, wo der Segen wirklich persönlich wird, gibt es plötzlich große Hemmschwellen und Ressentiments.

„Eigentlich finde ich es schön, aber selbst traue ich mich nicht, jemandem Gottes Segen auf einer Geburtstagskarte zu wünschen", verriet mir eine Kollegin.

Das ließ mich nachdenklich werden. Ein irischer Segensspruch auf einer Karte geht offensichtlich, aber persönlich einen Segen auszusprechen, ist weitaus schwieriger.

Aus meiner eigenen Grundschulzeit erinnere ich mich, dass wir dort immer alle Geburtstagskinder unserer Klasse mit „Viel Glück und viel Segen" besungen haben. Ganz sicher nicht immer in dem vollen Bewusstsein, dem Geburtstagskind damit Gottes Segen zuzusprechen, aber dennoch fand ich es schön. Wie oft aber kapituliere ich heute selbst vor dem vergleichsweise bedeutungsflacheren „Happy Birthday" und traue mich nicht vorzuschlagen, stattdessen ein Segenslied zu singen.

Oder ich denke an die vielen Male, in denen ich im Gottesdienst den aaronitischen Segen gehört oder eine eigene Andacht mit diesem Segenswunsch beendet habe, und kann nicht mal sagen, wie oft diese Worte mich wirklich bis in mein Innerstes berührt haben. Irgendwie schön, ja, aber lebensverändernd?

Schon immer fand ich, obwohl in Norddeutschland groß geworden, das süddeutsche „Grüß Gott" tausendfach schöner als das zwar auch sympathische, aber schlichte „Moin, moin". Vielleicht schwang im „Grüß Gott" für mich auch immer Urlaubserinnerung mit. Ich fand es herzlicher, persönlicher. Dass mit diesem Gruß dem Gegenüber ein Gotteswort zugesprochen und sie oder er Gottes Segen anbefohlen wird, kam bei mir eher unterbewusst an. Ich fand es mutig, im Gruß, egal, wer mir da gegenüberstand oder meinen Weg streifte, zu Gott zu stehen.

Mir gab schließlich ein „Grüß Gott" den Mut, vor zwei Jahren in großen Lettern einen Segenswunsch an unsere Haustür zu schreiben, den nun jeder sehen kann, der vor unserer Tür steht: „Grüß Gott, sei gesegnet, wer dies Haus betritt. Und wenn du gehst, nimm einen Segen mit."

Früher habe ich regelmäßig vor dem Schlafengehen noch eine Runde an die Betten meiner Kinder gedreht (und tue es noch), um ihnen über den Kopf zu streicheln oder auch nur meine Hand über ihren Kopf zu halten und ihnen zuzuflüstern: „Gott segne dich, er hat dich lieb und ich hab dich auch lieb." Das ließ mich selbst ruhiger schlafen. Tagsüber jedoch traute ich mich lange nicht, ihnen für sie hörbar einen Segen zuzusprechen.

Für mich waren die Segensgeschichten, die wir für dieses Buch geschenkt bekommen haben, darum liebevolle Stupser, mit meinem eigenen Verhältnis zum Segen ins Gericht zu gehen, und ich kann mich während der Arbeit zu diesem Buch an eine Autofahrt erinnern, bei der ich plötzlich laut gedacht habe: *Ach Jesus, es wäre echt schön, wenn du jetzt neben mir sitzen würdest, hier auf dem Beifahrersitz, und für eine Weile segnend deine Hand auf meine Schulter legen könntest.*

In der Bibel finden sich so viele Geschichten von Menschen, die von Gott einen Segen zugesprochen bekommen. Die Geschichte der Menschheit beginnt damit, dass Gott Adam und Eva erschafft, sie ansieht, für gut befindet und segnet.

Zu Abram spricht er in 1. Mose 12,1 (LU 2017): „Geh aus deinem Vaterland in ein Land, das ich dir zeigen will." Außerdem verspricht er ihm einen Namen, was man mit Segen gleichsetzen kann. Hier geht es nicht um weltlichen Ruhm, aber das Versprechen Gottes: „Ich sehe dich. Du bist mir nicht egal. Ich habe dich bei deinem Namen gerufen, du bist mein. Und wenn ich dich segne, werden andere es sehen können. Mein Segen kann zu deinem Segen werden und dein Segen kann zum Segen für andere werden."

Im vierten Buch Mose erhält Mose von Gott den Auftrag, mit seinem Bruder Aaron und dessen Söhnen zu reden. Er soll ihnen sagen, dass sie die Menschen segnen sollen. Das ist ihr besonderer Auftrag als Priester. Gott höchstpersönlich hat ihnen diese Aufgabe ans Herz gelegt.

Und auch Jesus hat gesegnet. Zweimal werden im Neuen Testament sehr konkrete Segensgeschichten erzählt, in Markus 10 segnet Jesus kurz vor seinem Einzug in Jerusalem

Kinder, denen die Jünger den Zugang zu Jesus verweigern wollten. In der antiken Kultur hatten Kinder praktisch keine Lobby und in der Welt der Erwachsenen wenig zu suchen. Jesus aber wird regelrecht ärgerlich, als er merkt, dass die Kinder von ihm ferngehalten werden, und fordert von seinen Jüngern, die Kinder zu ihm kommen zu lassen: „Dann nahm er die Kinder in die Arme, legte ihnen die Hände auf und segnete sie" (Markus 10,16 NGÜ).

Auch nach seinem Tod am Kreuz hört Jesus nicht auf, Menschen zu segnen. Zunächst begegnet er nach seiner Auferstehung einigen seiner Jünger auf deren Weg von Jerusalem in ihr etwa elf Kilometer entfernt liegendes Heimatdorf Emmaus. Sie denken, er sei ein Fremder, der sie einfach auf ihrem Weg begleiten möchte. Obwohl sie sich den ganzen Weg über mit ihm unterhalten, erkennen sie ihn nicht. Erst als sie ihn in Emmaus bitten, doch noch zum Abendessen zu bleiben, und als sie sehen, wie er den Segen über das Brot spricht, gehen ihnen die Augen über und sie erkennen in ihm den auferstandenen Jesus (Lukas 24,30-31).

Als letzte Handlung, bevor der auferstandene Jesus wieder in den Himmel auffährt, segnet er seine Jünger, die mit ihm aus der Stadt heraus in die Nähe von Bethanien gekommen sind. „Dort erhob er die Hände, um sie zu segnen. Und während er sie segnete, wurde er von ihnen weggenommen und zum Himmel emporgehoben" (Lukas 24,50-51 NGÜ). Die Jünger kehrten daraufhin voller Freude nach Jerusalem zurück, denn im Segen haben sie noch einmal Gottes Nähe und Zuwendung leiblich konkret erfahren. Der Segen hat für sie erfahrbar gemacht, dass sie niemals von Jesus getrennt sein werden, und so ihren Abschiedsschmerz in Freude gewandelt.

Ein Segen weist über das irdische Wohlergehen hinaus und hat immer auch eine Ewigkeitsperspektive, denn Gott hat uns die Ewigkeit ins Herz gelegt (Prediger 3,11). Im Segen erfährt der Gesegnete, dass Gott gegenwärtig ist. Er sagt seine heilende Mut machende Begleitung zu. Jedoch ist ein Segen kein magischer Glücksbringer. Wer von Gott gesegnet ist, ist nicht davor gefeit, Fehler zu machen. Adam und Eva hatten Gottes Segen und haben trotzdem die verbotene Frucht gegessen. Ein Segen enthebt uns nie unserer Verantwortung für unser Handeln und Denken. Aber ein Segen hilft uns, dorthin zu fühlen, wo Gott seinen Frieden, sein Shalom, in uns gelegt hat.

Vielleicht helfen dir die Geschichten in diesem Buch, ein bisschen tiefer in deine eigene Beziehung mit Gott zu fühlen. Es sind Segensgeschichten, wie sie Menschen wie du und ich erleben können. Und es sind biblische Geschichten, die uns eine Ahnung davon geben, was Gottes Segen ausmacht und warum es so wertvoll ist, den Segen weiterzugeben.

Am Segen soll es nicht liegen. Es ist genug für alle da. „Die Gnade des Herrn Jesus sei mit uns allen."

Julia Fiedler

Julia Fiedler, Jahrgang 1975, lebt mit ihrem Mann und ihren vier Söhnen am Ruhrgebietsrand. Nach ihrem Studium der Theaterwissenschaften, Germanistik und Wirtschaftswissenschaften an der Ruhr Uni Bochum arbeitet sie als Redakteurin und freie Autorin. Menschen und ihre Geschichten mit Gott sind für sie das spannendste Thema überhaupt.

Foto: © privat

Schwere Zeiten

Mein ganzes Leben lang gab mir der Segen, der am Ende des Gottesdienstes ausgesprochen wurde, ein richtig gutes Gefühl. *Gott ist bei mir, auch wenn ich ihn nicht wirklich sehe,* dachte ich dann. Mit dem Segen verband ich zeit meines Lebens etwas Wohltuendes und Beschützendes. Ich kannte Segenssprüche, Segenswünsche, Segensgebete, aber den persönlichen Segen eines Gegenübers, den kannte ich nicht.

Dann wurde mir einmal während eines Ostergottesdienstes ein persönlicher Segen zugesprochen, weil meine Mama sich das so sehr gewünscht hatte. Das empfand ich als sehr schön, denn die mir aufgelegte Hand gab mir große Geborgenheit. Später, als ich selbst Mama wurde, habe ich morgens, bevor meine Kinder in der Schule eine wichtige Arbeit schreiben mussten oder wenn irgendetwas für sie anstand, bei dem ich sie nicht begleiten konnte, ihnen mit den Fingern ein Kreuz auf die Stirn gestrichen, um sie so unter Gottes Segen und Schutz zu stellen. Das war mir wichtig und gab auch mir ein sicheres Gefühl, Gott ist jetzt bei ihnen. Aus Sorge, dass es meinen Kindern peinlich sein könnte, habe ich dazu nie etwas gesagt, sondern ihnen einfach nur dieses Kreuz auf die Stirn gezeichnet und innerlich um Gottes Schutz und Segen gebetet.

Als ich dann mit 39 Jahren die dritte Chemotherapie in meinem Leben machen musste, begann der Segen nach dem Gottesdienst für mich immer wichtiger zu werden. Jetzt öffnete ich dabei meine Hände und blickte zum Himmel oder zum Kreuz, um diesen Segen voll und ganz aufnehmen zu können und mich davon erfüllen zu lassen. So zumindest bildete ich mir das ein.

Es fühlte sich immer gut an, einen Segen zu erhalten. Aber mehr als dieses gute Gefühl war es dann doch nicht. Dachte ich.

Dann wurde ich ein paar Jahre, nachdem ich meine dritte Krebserkrankung überstanden hatte, so schwer krank[*], dass ich dem Tod näherstand als dem Leben. Liebe Menschen sprachen damals Heilungsgebete über mir aus, was eine wundervolle Erfahrung war, und trotzdem blieb ich schwer krank.

Monatelang ging das so. Monatelang wusste niemand, ob ich überleben würde, und wenn ich überlebte, was dann noch von mir übrig wäre. Ich konnte damals nicht in die Kirche gehen und hätte es mir doch so sehr gewünscht, den Segen zu spüren. Aber ich traute mich nicht zu fragen, ob ich auch ohne Gottesdienst einen Segen erhalten könnte. Meine Pastoren und viele liebe Menschen haben für mich gebetet. Viel-

---

[*] Simone Heintze, Wäre schön blöd, nicht an Wunder zu glauben, Gerth Medien, 2020.

leicht haben mich im Stillen auch die eine oder der andere gesegnet, aber das habe ich nicht wahrgenommen. Zu verängstigt und mutlos war ich nach dieser harten Zeit.

Nach schweren Monaten ging es gesundheitlich irgendwann langsam wieder aufwärts. Aber im Kopf konnte ich nicht mehr daran glauben, wirklich gesund zu werden. In meinem Herzen wusste ich, dass Gott für mich das Beste vorhat, aber ich vertraute ihm nicht mehr. Mein Verstand sperrte sich. Zu oft war ich schon so sehr enttäuscht worden und hatte durch so viele dunkle Täler gehen müssen. In diesen Tälern hatten sich in meinem Gehirn die vielen schrecklichen Diagnosen eingebrannt. Deshalb saß ich nur noch verängstigt herum und dachte: *Das nächste Fiasko kommt eh, es lohnt sich doch gar nicht mehr, dass ich mich noch mal auf das Leben einlasse. Mein Körper ist doch viel zu kaputt dazu.* Es war meine Seele, die in Scherben lag.

In diesem Zustand schickten meine Ärzte mich zur Rehabilitation auf die Insel Sylt. Wer mich kennt, weiß, Sylt ist mein absoluter Sehnsuchtsort, und ich freute mich seit Wochen auf das Meer, den blauen unendlich weiten Himmel und die nur vom Möwengekreische unterbrochene Ruhe. Das ist mein Revier. Wenn doch mein Leben nur so einfach wäre.

Zu Beginn meines Aufenthalts schleppte ich mich jeden Tag in den großen Speisesaal, um wenigstens mit den Mitpatienten zu essen, alles andere war mir zu viel. Liebevoll nahmen mich diese in ihrem Kreis auf und ermutigten mich. Ein paar Tage später wagte ich zaghaft erste Spaziergänge zum Meer. Das tat mir gut. Es weckte meine Lebensfreude, die aber spätestens am Abend wieder von meiner Angst zugedeckt wurde. Die Angst war nun mein ständiger Begleiter und nicht mehr Gottes Segen.

Einmal pro Woche gibt es in der Rehaklinik immer einen Singeabend. Der Kirchenmusiker aus der Friesenkapelle Wenningstedt, Oliver Strempler, kommt dann in die Klinik, um mit den Rehapatienten zu singen. Er bringt seine Gitarre mit und dann werden die alten Lagerfeuer-Evergreens ausgepackt. Am Ende singen alle lauthals mit.

An einem dieser Abende kamen Olli und ich miteinander ins Gespräch und ich erzählte ihm von meiner Lebensgeschichte. Als ich dann zwei Wochen später in den Gottesdienst in der Friesenkapelle kam, hatte er eine Überraschung für mich arrangiert: ein persönlicher Segen für mich, gespendet von ihm und seinem Pastor.

„Der Herr segne dich mit seiner Liebe und Fürsorge", sprach Pastor Rainer Chinnow mir an einem ganz normalen Sonntagmorgen im Herbst 2018 in der Wenningstedter Friesenkapelle zu. Wir standen allein im Altarraum, die meisten Gottesdienstbesucher waren bereits gegangen. Seine Hand lag auf meinem Kopf und vor mir brannten noch die Kerzen auf dem Altar, hinter dem das Kreuz aus Delfter Kacheln hängt. Diese Kirche könnte nicht friesischer sein. Delfter Kacheln, graue schlichte Holzbänke, biblische Motive an der gewölbten Decke. Doch von alldem nahm ich in diesem Moment gar nichts wahr, denn meine Gedanken wirbelten durcheinander.

Stehe ich gerade echt hier?, ging es mir durch den Kopf. *Hat mich Pastor Rainer Chinnow wirklich nach dem Gottesdienst abgefangen, um mich zu segnen?* Das Einzige, das ich real wahrnahm, war die Hand des Pastors auf meinem Kopf. Seinen liebevollen Worten konnte ich nur bruchstückhaft folgen.

Reiß dich zusammen!, appellierte ich an mich selbst. Ich versuchte es also erneut, versuchte den Worten zu folgen. Und ich merkte, die Hand auf meinem Kopf ist schön und so wohltuend.

Ich werde gesegnet! Ich ganz allein!

Das war überwältigend. Es war, als würde ich in Gottes großer Liebe baden und all die schlimmen Bilder der letzten Jahre würden vor meinen Augen aufgelöst, um freie Fläche für Neues zu schaffen. Die Nähe hatte etwas Beschützendes. Ich spürte etwas Großes in mir, etwas Einmaliges und konnte es doch noch nicht fassen. Es dauerte Tage, bis ich nur einen Bruchteil von dem verstand, was mir da passiert war. *Dass* etwas passiert war, wusste ich jedoch sofort.

Segen ist ein Zuspruch Gottes. Er kann Glück, Bewahrung oder Schutz ausdrücken. Der persönliche Segen wird oft mit Gesten wie Hände auf den Kopf oder auf die Schulter legen, zugesprochen. Es ist quasi eine Verbindung von Mensch zu Mensch. Durch diese menschliche Nähe können wir uns Gottes Nähe besser vorstellen. Das schenkt dem Gesegneten Nähe, Geborgenheit und Schutz, lässt ihn Gottvertrauen aufbauen. Segnende sind also Boten Gottes, die den Segen weitergeben.

Jeder Mensch kann einem anderen Menschen einen Segen zusprechen, dazu muss man nicht Theologie studiert haben oder Pfarrer sein. Man muss es sich nur trauen.

Dieser Segen hat mich unglaublich tief bewegt. Er hat den dick verkrusteten Panzer der Angst, der mich umgab, aufgebröselt. So eng saß der Panzer, dass ich das Leben gar nicht mehr fühlen konnte. Aber durch diesen Segen bekam ich wieder Zugang zu Gottes Wort und konnte ihn spüren. Wenn Gott wollte, dass ich weiterlebte, dann wollte ich das auch. Wenn er mit mir sprach, dann wollte ich ihm neu mein Herz öffnen. In kleinen Schritten machte ich mich also auf den Weg der Heilung. Die körperliche Heilung hatte schon lange begonnen, doch nun war die seelische Heilung dran. Ich war mir wieder sicher, Gott wollte mich vollständig heilen, äußerlich und innerlich.

Da endlich begriff ich: Gottes Segen ist echt!

Gott hält sein Wort!

Und dann stellte ich mir die Frage: Warum wird so wenig gesegnet? Für mich war dieser persönliche Segen der Wendepunkt. Aber warum fällt es uns so schwer, andere Menschen zu segnen?

Aus diesen Fragen ist dieses Buch entstanden. Komm einfach mit und lass dich inspirieren.

„Ich will dich segnen und du sollst ein Segen sein!"

Simone Heintze

Foto: © Hannah Sigismund

Simone Heintze erkrankte als Jugendliche zweimal an Morbus Hodgkin und als erwachsene Frau zweimal an Brustkrebs. Sie ist von Beruf Bankkauffrau und mittlerweile aufgrund der Erkrankung Rentnerin. Ehrenamtlich engagiert sie sich als Versichertenälteste für die Deutsche Rentenversicherung Westfalen, als Grüne Dame und in ihrer Kirchengemeinde. Sie lebt im Ruhrgebiet.

Sprich nur ein Wort – 1. Mose 32,23

Ich war nie ein Fan von Jakob und es hat mir nie eingeleuchtet, was Gott ausgerechnet an diesem verlogenen Muttersöhnchen fand, dass er ihn gleich zum Namensgeber seines Volkes und Vater von zwölf Stämmen machen musste.

Erst erschleicht Jakob sich das Erstgeborenenrecht und dann den väterlichen Segen, der eigentlich seinem Zwillingsbruder Esau zugestanden hätte. Zwar bemerkt der Vater Isaak anschließend seinen Irrtum, den einmal ausgesprochenen Segen jedoch kann er nicht mehr zurücknehmen. Wer gesegnet wird, der ist gesegnet – selbst wenn der Weg dorthin alles andere als koscher war. Merkwürdige Botschaft, fand ich. Doch immerhin, die Geschichte geht ja noch weiter.

Jakob muss fliehen, um dem Zorn seines Bruders zu entkommen, und findet anschließend seinen Meister. Er verguckt sich in die schöne Rahel, doch um sie heiraten zu dürfen, muss er erst mal sieben Jahre treu die Schafe seines Schwiegervaters in spe hüten, nur um dann in der Hochzeitsnacht die falsche Braut untergeschoben zu bekommen, Lea, die ältere Schwester von Rahel. Der Vater hatte Sorge, seine ältere Tochter würde keine gute Partie mehr finden, wenn die jüngere vor der älteren heiratet. Aber wenn Jakob weitere sieben Jahre Schafe hüten würde, könne er die jüngere Schwester noch dazubekommen. Jakob hält also tapfer durch und nach nur 14 Jahren darf er endlich auch Rahel heiraten und wird Vater.

Von da an läuft es, sein Vermögen vermehrt sich, was wiederum seine Schwager neidisch macht. Jakob begreift, dass es besser ist, Frauen und Kinder zu nehmen und nach Hause zu gehen. Und da ist noch jemand, der ihn in die alte Heimat treibt: Esau, sein Zwillingsbruder, den er einst betrogen hat. Jakob spürt, dass er diese Geschichte in Ordnung bringen muss, damit sein Leben weiter gesegnet sein kann. Er sehnt sich nach Versöhnung und hofft inständig, dass sein Bruder das genauso sieht. Sicher ist er sich da keineswegs.

Bevor es aber zur großen Bruderversöhnung kommt, muss Jakob kämpfen. Mitten in der Nacht liefert er sich einen regelrechten Ringkampf mit einem ihm unbekannten Mann. Dazu steht Folgendes in 1. Mose 32,26–31 NeÜ:

Als jener merkte, dass Jakob sich nicht niederringen ließ, schlug er auf dessen Hüftgelenk, sodass es sich ausrenkte.

Dann sagte er: „Lass mich los, die Morgenröte zieht schon herauf!"

Doch Jakob erwiderte: „Ich lass dich nicht los, wenn du mich nicht vorher segnest!"

„Wie heißt du?", fragte der Mann.

„Jakob", erwiderte er.

Da sagte er: „Du sollst nicht mehr Jakob heißen, sondern Israel, Gotteskämpfer! Denn du hast mit Gott und mit Menschen gekämpft und hast gesiegt."

Da bat Jakob: „Sag mir doch, wie du heißt!"

Doch er erwiderte nur: „Warum fragst du?" Und er segnete ihn.

„Ich habe Gott ins Gesicht gesehen", sagte Jakob, „und ich lebe noch."

Genau hier in dieser Szene habe ich den Schlüssel für mich gefunden, der mir diesen Jakob in ein anderes, weitaus liebenswerteres Licht gerückt hat. Jakob ist im Gegensatz zu seinem Bruder ein Eiferer. „Ich lass dich nicht los, wenn du mich nicht vorher segnest."

Jakob will ein Gegenüber. Er fordert Beziehung. Er will so unbedingt, dass Gott mit ihm redet, sich ihm zuwendet, dass er sich erst den brüderlichen Segen erschleicht und schließlich sogar ganz körperlich dafür mit Gott ringt. So wichtig ist es ihm, seine Nähe zu erfahren, Gottes Wirken in seinem Leben zu spüren. Ich kann es mir nur so erklären. Es muss diese Hartnäckigkeit sein, die Gott gefallen hat. Hartnäckig bleiben und auch mal offensiv um einen Segen bitten. Vielleicht ist das die Lektion, die wir von Jakob lernen dürfen.

Julia Fiedler

God bless you

Es ist ein Sonntag im Dezember, ich knie in der Kirche vor dem Altar – und vor meinem väterlichen Freund Jochim Hartung. Er legt die Hände sanft auf mein Haupt und spricht: „Gott hat dir nicht gegeben den Geist der Furcht, sondern der Kraft, der Liebe und der Besonnenheit! Mit diesen Worten segne dich, Rainer, am Tag deiner Ordination der dreieinige Gott, Vater, Sohn und Heiliger Geist, der dich berufen hat, dass du in dieser Welt als sein Hirte dienst."

In unserer Gemeinde im hohen Norden auf Sylt ist uns der Segen seit vielen Jahren sehr wichtig geworden. Der Segen gibt uns Sicherheit. Er lässt uns fest stehen. Er lässt uns mutig gehen. Und nicht selten geschieht es, dass er uns beflügelt.

Der Segen ist kein Menschenwerk, aber er wird von Menschen vermittelt. Die Szene, in der ich niederknie und mein Haupt beuge, ist vom Augenschein her richtig beschrieben. Auch dass mein Freund Pastor Jochim Hartung die Worte spricht, hat sich so zugetragen. Doch der Segen hat für uns in der Gemeinde neben dem, was das Auge sieht und das Ohr hört, noch eine weitere, spirituelle, im weitesten Sinn magische Dimension: Gott selbst ist hier nach unserem Verständnis am Werk.

Wir Menschen, ganz gleich, ob wir Amtsträger oder gläubige Christen sind, sind in dem Augenblick, in dem wir die Hand auflegen oder die Arme ausbreiten, nur irdische Instrumente jenes höheren Wesens, von dem der Segen auf den Gesegneten übergeht. Wir sind als Segnende Mittlerin und Mittler.

Das Wort „Segen" hat seine etymologischen Wurzeln im lateinischen Wort „signare". Es bedeutet: jemanden kennzeichnen, fixieren. Der Schutz dessen, der kennzeichnet und fixiert, wird symbolhaft herbeigerufen. Der Segen ist also allein Gott vorbehalten.

Die Bibel erzählt von sehr persönlichen Segensgeschichten. Der Segen ist nicht an eine bestimmte Leistung eines Menschen gebunden. Die Menschen, denen der Segen zuteilwird, sind nicht unbedingt besonders fromme Heldinnen und Helden. Die Gesegneten zeichnet auch nicht aus, dass sie einen moralisch besonders guten Lebenswandel gehabt hätten. Im Gegenteil: Jakob, der Schlawiner, betrügt gar unter tätiger Mithilfe seiner Mutter den eigenen Bruder Esau um den Segen des Erstgeborenen! Gott lässt nicht nur die Sonne aufgehen über die Guten und die Bösen. Gott segnet auch die, die des Segens bedürfen – und die nach ihm verlangen.

Gemeinsam mit Carl und Irena Andresen haben mich und meine Gemeinde diese biblischen Geschichten und unsere eigenen Erfahrungen mit den Menschen auf der Insel veranlasst, das Projekt *God bless you–Segensgottesdienste in der Friesenkapelle* zu beginnen.

Hintergrund war die Erfahrung, dass gerade in den Sommermonaten viele Menschen zu uns auf die Insel kommen, die fühlen, dass sie an einem Scheidepunkt ihres Lebens angekommen sind. Manche kommen mit diesem Gefühl bereits auf Sylt an. Anderen wird an diesem Ort, an dem sie herausgehoben sind aus Verpflichtungen und alltäglichem Stress, bewusst, dass sich in ihrem Leben etwas ändern sollte oder wird. Zu den *God bless you*-Gottesdiensten kommen zudem einige Patienten der Kurkliniken in Wenningstedt und Westerland. Einen ganz besonderen *God bless you*-Gottesdienst feiern wir mehrmals im Jahr mit den Kindern und Eltern der Syltklinik, einer Kinderkrebsklinik. Sie liegt in unmittelbarer Nachbarschaft der Friesenkapelle, unserer Kirche.

Der Gottesdienst ähnelt anderen Segnungsgottesdiensten, hat aber eine eigene Prägung. Musik und Lieder sind modern. Sie stehen weitgehend nicht im evangelischen Kirchengesangbuch. Die Gebete werden von Carl oder Irena frei formuliert. Und als biblische Geschichte begleitet uns die Erzählung von der Sturmstillung. Sie verbindet Bibel und Lokalkolorit. Die Erfahrung, dass Gott/Jesus schläft, während wir Menschen das Gefühl haben, dass wir in der Not der Lebensstürme untergehen, teilen viele, die die Gottesdienste besuchen. Gott aber erhört unser Gebet – und der Sturm legt sich. Auch diese Erfahrung können viele in der Gemeinde nachvollziehen.

Der Gottesdienst wird interaktiv gefeiert. Am Eingang der Kirche werden an die Besucher Steine, Stifte und Zettel verteilt. Neben dem Altar ist ein Kreuz aus Lichtern aufgebaut, die noch nicht entzündet sind. Nach der Geschichte von der Sturmstillung ist die Gemeinde eingeladen, alles, was sie beschwert, symbolhaft an das Kreuz zu legen. Dafür stehen die Steine, die auf die Zettel gelegt werden. Auf den Zetteln wiederum werden von den Gottesdienstbesuchern die Lasten konkret benannt. Anschließend werden die Lichter für jene Erfahrungen, die uns dankbar machen, entzündet.

Diese Aktion bereitet die Segnung im Gottesdienst vor, die anschließend vor dem Altar stehend oder kniend erfolgt. Carl, Irena oder ich segnen jene, die nach vorne treten. Sie können den Segen für ein bestimmtes Anliegen empfangen oder einfach ganz allgemein. Unsere Erfahrung nach 10 Jahren ist, dass die meisten aus der Gemeinde zum Segen nach vorne treten und dann Carl, Irena oder mir in der Stille mitteilen, was sie bewegt.

Der Gottesdienst endet mit einem gemeinsamen Lied. Zum Singen treten alle vor den Altar, reichen einander die Hand als Symbol dafür, dass keiner allein ist, sondern wir alle miteinander als Schwestern und Brüder in Gottes Namen verbunden sind.

Der Segnungsgottesdienst ist für uns alle – Gemeinde, Liturgen, Musiker – eine sehr intensive Erfahrung. Für diese Dreiviertelstunde werden Distanzen aufgebrochen, es entsteht über Worte und Gesten und Berührungen eine kaum zu beschreibende Nähe. Carl, Irena und ich haben immer wieder die befreiende Kraft des Segens gespürt – und auch eine – mir fällt kein besseres Wort ein – positive Erschöpfung nach diesen Gottesdiensten. Nicht wir bewirken etwas, sondern durch uns hindurch entfaltet sich eine Wirkung. Dies zu spüren, ist wohltuend und kraftzehrend zugleich.

Am Ausgang schenkt Carl allen einen Bibelvers, den jeder aus einem schönen Korb zieht – wie eine persönliche Losung für seine nächste Lebensstrecke.

Einmal verfinsterte sich an einem Montagabend im Sommer der Himmel direkt vor Beginn des Segnungsgottesdienstes. Eine kleine Schar hatte sich dennoch zur Kirche aufgemacht. Und dazu kam ein Paar, das wenige Minuten nach Gottesdienstbeginn vor den Regenfluten in der Kirche Zuflucht suchte. Irena teilte ihnen mit, dass sie selbstverständlich hineinkommen könnten, aber dann auch bis zum Ende des Gottesdienstes bleiben müssten. Das Hinausgehen sei sonst für die anderen irritierend und störend. Die beiden blieben – und feierten mit.

Ein Jahr später kamen sie im Sommer wieder auf die Insel und zu unserem Gottesdienst. Dieses Mal bei herrlichem Sommerwetter und ganz bewusst. Im Gottesdienst erzählten sie uns, dass der Segen ihr Leben verändert hätte. Sie erzählten von Krankheit, mit der sie zu leben gelernt hätten, vom Sturm familiärer Streitigkeiten, die sich gelegt hätten, und beruflicher Neuorientierung.

Segen können wir Menschen nicht *machen*. Wir können ihn nur weitergeben – durch Worte, Gesten, Wahrnehmung, Berührung und Empathie.

Seit einem Jahr, seit Beginn der Corona-Pandemie im Frühjahr 2020, können wir diese Form des Gottesdienstes nicht mehr feiern. Fällt der Segen aus? Ruht auf dieser Zeit kein Segen?

Es gibt keinen Anlass, diese Zeit der Covid-19-Pandemie schönzureden – nicht auf der Insel, nicht in unserem Land, nicht auf der Welt. Ein Schönreden wäre zynisch gegenüber den Toten, gegenüber jenen, die erkrankt sind, die an den Folgen leiden, gegenüber allen, die beruflich und finanziell nicht wissen, wohin der Weg führt, und gegenüber allen, die unter Vereinsamung leiden. Es ist nicht angemessen, diese Zeit spirituell zu überhöhen. Ruht Segen auf diesen Monaten?

Segen ist kein Menschenwerk. Doch wir dürfen, sollen und müssen gerade in dieser Zeit Menschen segnen. Weil wir als Christen aufgerufen sind, die Menschen zu lieben. Weil wir als Christen aufgerufen sind, Gott zu lieben. Weil uns als Christen in unserem Nächsten Gott begegnet. Und vielleicht – und dies wäre ein Gottesgeschenk – ist die Folge des Segens, dass aus dem zweifellos Schlechten dieser Pandemie im Leben des Einzelnen etwas Gutes entsteht. Dass eine neue Freundschaft sich entwickelt. Dass dort, wo Kälte und Abbruch war, eine neue Wärme und Liebe entsteht. Dass dort, wo nur Wände sichtbar waren, sich Türen auftun. Segen zeigt sich manches Mal unvermittelt wie ein Regenborgen nach einem düsteren Gewitter.

Und zu guter Letzt noch ein Wort von Carl Andresen, der die Idee zu den *God bless you*-Gottesdiensten in der Friesenkapelle hatte: Was machen die Kirchenbesucher mit dem Angebot des Segnungsgottesdienstes? Sie entscheiden sich selbst, zum Altar zu gehen und auszusprechen, was ihnen auf der Seele liegt. Sie suchen nach Antworten und hören, empfangen Segen und Zuspruch, werden getröstet und bekommen neuen Mut für die Zukunft, für die Aufgaben und die Herausforderungen des gegenwärtigen Alltags. Es ist eine Tatsache: In unserer jetzigen Zeit ist es selten geworden, sich mit seinen Gedanken, Sorgen und Nöten an Gott zu wenden. Und dennoch ist es hoffnungsvoll, die Anliegen aufzuschreiben und am Altar und Kreuz niederzulegen und es Gott und Jesus zu bringen, aber auch vor das Kreuz.

Rainer Chinnow ist Pastor in der Friesenkapelle in Wenningstedt auf Sylt. Er ist Urlaubspastor mit viel Herz. Seine Gemeinde formt sich jeden Sonntag neu, jeder ist willkommen. Mit seiner Frau lebt er seit über 20 Jahren auf Sylt. Er hat drei Kinder und mittlerweile die ersten Enkelkinder.

Foto: © privat

Gott hat alles unter Kontrolle

Ich danke Jesus dafür,
dass er dich so wunderbar und einzigartig geschaffen hat!
Gott segne dich heute mit ganz viel Kraft und Mut.
Lass dir keine Angst machen,
lass dich nicht einschüchtern und
verliere nie den Glauben daran,
dass Gott alles unter Kontrolle hat!
Jesus schenke dir diese Gewissheit immer wieder neu,
er segne dich mit Weisheit und Freude!
Jesus sei immer mit dir, egal, wohin du auch gehst,
er segne dich mit seiner überfließenden Liebe und
seinem übernatürlichen Frieden.

Philipp Mickenbecker

Nach Seg(n)en kommt Sonnenschein

Natürlich gibt es keine Erfolgsgarantie, dass nach dem Zusprechen eines Segens immer alles automatisch gut wird. Trotzdem verändert ein Segen vieles. Es ist der Zuspruch, da ist jemand für mich da, jemand denkt an mich und gibt mich in Gottes Hände. Zum anderen kann ich selbst durch das Segnen andere unterstützen, sie Gott ans Herz legen und ihnen durch meine Beziehung zum Schöpfer Nähe zu ihm vermitteln, ihnen ein Gefühl des Zusammenhalts geben und sie zum Nachdenken anregen.

Aber jetzt der Reihe nach: Im Alter von 15 Jahren entschied ich mich als Austauschschülerin für ein Jahr in die USA zu gehen. Als ich in das große Flugzeug stieg, um für mich gefühlt ans andere Ende der Welt zu fliegen, kannte ich lediglich die Namen von ein paar Mitgliedern meiner *neuen Familie*, da sich erst drei Tage vor meiner Abreise ergeben hatte, dass ich doch nicht in die ursprünglich geplante Familie kommen würde. Somit gab es keine Möglichkeit mehr, im Vorfeld Kontakt mit meiner neuen Gastfamilie, den Bewohnern meines neuen Zuhauses, aufzunehmen, und ich hatte nicht mehr als ihren Steckbrief und ein kleines Vorstellungsschreiben zu meiner Information. Das alles machte meine ohnehin schon vorhandene Aufregung nicht gerade kleiner.

Doch ich wurde reich von Gott gesegnet. Ich kam in eine wundervolle, liebenswerte, christliche Familie, durch die ich in diesem Jahr viel Liebe untereinander und füreinander und natürlich vor allem für unseren Herrn und Schöpfer kennenlernen durfte. Bei mir bewirkte diese Erfahrung, dass ich selbst voller Hingabe Jesus mein Leben anvertrauen konnte. Heute muss ich immer noch darüber staunen, dass Gott mich quer über die Kontinente schicken musste, damit ich eine echte Beziehung zu ihm fand und gerettet werden konnte.

Eines der morgendlichen Rituale, die mir über die Zeit sehr ans Herz wuchs, war das gemeinsame Beten und Segnen. Bevor jeder von uns in seinen Tag startete, trafen sich alle Familienmitglieder. Meistens stellten wir uns als Familie zusammen im Kreis in die Küche oder in den Flur und meine Gasteltern begannen zu beten. Anschließend wurden uns nacheinander die Hände auf den Kopf und die Schultern gelegt und sie beteten für jeden Einzelnen und segneten ihn.

Das war an jedem Morgen ein sehr emotionales und wunderschönes Erlebnis und ich fühlte mich absolut geborgen. Meine Gasteltern sprachen uns Mut zu, lobten und dankten Gott für uns und stellten uns unter Gottes reichen Segen.

Natürlich gab es auch in diesem Jahr die üblichen Alltagshürden. Es war nicht alles Sonnenschein, aber der Segen verlieh mir jedes Mal neue Kraft und half mir, mich auf Gott auszurichten. Und auch der Vers, der in Jeremia 29,11 (NeÜ) steht: „Ich habe Frieden für euch im Sinn und kein Unheil. Ich werde euch Zukunft schenken und Hoffnung geben", half mir, im Kopf zu behalten, dass Gott unser Glück will und uns eine Zukunft schenkt, wie wir sie uns erhoffen.

Heute, fast 17 Jahre später, bin ich immer noch zutiefst dankbar für diese intimen, emotionalen, mich Gott nahebringenden Momente. Und mittlerweile bin ich es, die morgens meine drei Kinder segnet, bevor sie ihre Wege für den Tag gehen, um sie so Gott ans Herz zu legen.

Es ist so schön zu beobachten, wie mein zweieinhalbjähriger Sohn mir, wenn ich seinen Namen nenne, den Kopf entgegenstreckt und mich anlacht. Er sieht dann aus wie mein persönlicher Sonnenschein. Er freut sich so sehr, dass es nun um ihn geht, dass wir Gott jetzt um Segen für ihn bitten und seine momentanen Belange im Blick haben.

Ab und zu segnen meine Kinder auch mich. Sie bitten dann meistens, dass Gott mir viele schöne Momente und Gelingen schenkt. Auch dies lässt eine große Sonne in meinem Herzen erstrahlen, unabhängig davon, wie der Tag schlussendlich wird, ob er chaotisch ist, manches misslingt oder anders verläuft, als ich mir das vorgestellt und erhofft hatte. Es hilft mir, dass trotzdem innerer Frieden, Geborgenheit und ein Gefühl der Ruhe in mir einziehen.

Ich helfe so nicht nur meinen Kindern, mit Gottes Waffenrüstung gewappnet zu werden, sondern es kommt auch etwas zurück zu mir selbst. Durch das Segnen erfahre ich selbst einen großen Segen, der mein Leben erstrahlen lässt. Und durch Gottes große Gnade, mein Vertrauen und meinen Glauben, den ich auf diese Weise weitergebe, setze ich mir selbst den Helm meiner Rettung nochmal bewusst auf und richte ihn wieder neu aus für mein Leben.

Isabel Eckhardt

Foto: © privat

Isabel Eckhardt ist 32 Jahre und lebt mit ihrem Mann und ihren drei Kindern in Schwelm. Sie ist auf Instagram unter @seinsegentogo zu finden und engagiert sich in ihrer Gemeinde vor Ort im Kindergottesdienst, der mit Beginn der Corona-Pandemie sofort als Online-Format weitergeführt wurde. Isabel hat eine besondere Liebe für die kleinen Dinge des Lebens und am schönsten ist es für sie, anderen Menschen durch liebevolle und tröstende Worte, Gesten und Aufmerksamkeiten eine Freude zu machen. Sie ist davon überzeugt, dass wir Gottes Bodenpersonal sind und als sein helfendes Werkzeug zur Gebetserhörung für andere werden können.

„...wie dich selbst!“

Gönne dich dir selbst!
Wer sich selbst nichts Gutes tut,
wem kann der Gutes tun?
An der Lust des Tages, die dir zusteht,
geh nicht achtlos vorbei![*]
Wenn ich das annehmen kann, guter Gott,
als dein Geschenk und deine Zusage,
dann weiß ich:
Du bist bei mir.
Du sagst zu mir:
Du, mein geliebtes Kind.
Du bist gesegnet!

Guido Hügen, OSB

---

[*]   vgl. Jesus Sirach 14,6.14

Geschenkt

Das Wort Segen kann ich bis heute nicht klar für mich übersetzen. Kann nur Gott segnen? Wie unterscheidet sich der Segen, den ein Christ für mich spricht, von einem freundlichen Gebet für mich? Auch deshalb habe ich das Wort „Segen" lange nur benutzt, um mich in E-Mails freundlich von Christen zu verabschieden: „Viele Grüße und Gottes Segen! Daniel." Ich hatte das Wort nicht verstanden.

Doch vielleicht geht es beim Segen auch gar nicht um das Verstehen, sondern um das Erleben.

Mitten in der Corona-Pandemie, im April 2020, organisierte die Initiative „Deutschland betet gemeinsam" eine Online-Andacht, an der viele Tausend Christen teilnahmen. Am Ende feierte ein Musikvideo Premiere: „Der Herr segne dich", eingespielt vom Gebetshaus Augsburg: „Der Herr segne dich. Und behüte dich. Lass sein Angesicht leuchten und sei gnädig mit dir. Sein Angesicht sei dir zugewandt. Friede mit dir!"

Das ging mir ins Herz. Mitten in diesem Grau der Pandemie leuchteten diese Liedzeilen wie ein tröstlicher Lichtstrahl. Plötzlich war die Gemeinschaft mit den Christen spürbar, mit denen ich in diesem Moment ja nur digital verbunden war. Mut kam auf, Zuversicht. Ein inneres Leuchten. Vielleicht war das so ein Moment, in dem ich Gottes Segen erleben durfte, ohne ihn zu verstehen.

Inzwischen wurde dieses Video mehr als 2,4 Millionen Mal auf YouTube aufgerufen. In deutschen und englischen Versionen („The Blessing") wurde es zu einer Hymne gegen die Corona-Tristesse. Viele Gemeinden weltweit haben digitale Chöre gebildet, um diese Verse in Videos zu singen: Erst erscheinen ein, zwei Sänger auf dem Bildschirm, dann kommen immer mehr kleine Fenster mit weiteren Sängerinnen und Sängern hinzu – bis am Ende der Monitor so mit Christen voll ist, dass der Einzelne kaum noch zu erkennen ist. Und alle singen: „Der Herr segne dich!"

Hunderttausende Male abgerufen im Internet. Gelebter Segen.

„Der Herr segne dich!" – Dieser Gedanke lässt mich seitdem immer wieder innerlich ruhig werden. Ich spreche ihn fast jeden Abend für unsere vier Kinder aus. Manchmal nutze ich das Lied als Schlaflied für unseren Einjährigen.

Mir wurde Segen einmal mit der Vertikalen und der Horizontalen erklärt. Vertikal: Der Segen kommt von oben zu mir. Horizontal: Ich darf ihn an meine Mitmenschen weitergeben. Diese Erklärung gefällt mir am besten, denn sie beschreibt ganz gut, was ich damals bei dem Segenslied gefühlt habe: Segen ist ein Geschenk. Ein Geschenk von Gott, das wir gerne und reichlich weitergeben dürfen. Ein Geschenk, dessen Inhalt ich gar nicht genau beschreiben kann. Muss ich vielleicht auch nicht, solange ich es dankbar annehme, mich darüber freue und es weiter verschenke.

Daniel Böcking

Foto: Christian Langbehn

Daniel Böcking, 44, Journalist und Autor, Ex-Vize-Chef der BILD, heute Chefredakteur bei der Agentur *StoryMachine*. Wohnt in Berlin, ist verheiratet und hat vier Kinder. Auf Einsätzen als BILD-Reporter in Katastrophengebieten im Jahr 2010 (u.a. Erdbeben in Haiti) traf er immer wieder Christen, die im Glauben Kraft und Trost fanden und ihm von Jesus berichteten. Von ihren Geschichten bewegt, begann er über Jesus und die Bibel zu recherchieren – und fand schließlich selbst zum Glauben.

Für wen bin ich eigentlich ein Segen? – Lukas 15, 11-32

„Wer das Erbe hastig an sich reißt, wird am Ende nicht gesegnet sein." Diese Lebensweisheit aus den Sprüchen 20,21 (NeÜ) könnte wohl nicht treffender auf den verlorenen Sohn, von dem Jesus im Lukasevangelium erzählt, passen.

Ein Mann hatte zwei Söhne. Der eine von ihnen ist es leid, den Sohn zu spielen, und will endlich mal nur sein Ding machen. Nun ist ihm schon klar, dass das Ding, wenn es denn Spaß machen soll, auch Geld kosten wird. Da kommt er auf die glorreiche Idee, von seinem Vater bereits zu Lebzeiten sein Erbteil zu fordern. Der Vater schweigt und gibt ihm, was er verlangt. Der Sohn nimmt und zieht mit fliegenden Fahnen von dannen. Es läuft super. Endlich raus aus der piefigen Enge seines Vaterhauses, ferne Länder, neue Genüsse.

Doch irgendwann ist das Geld alle, und es bricht eine Hungersnot aus. Ungünstig für ihn, der fern der Heimat keine familiären Bande hat, die ihn durchfüttern oder bei denen er unterschlüpfen könnte. Der Lebesohn ist ganz unten angekommen, muss Schweine hüten, damals so ungefähr der allerletzte Job. Und genau das war, glaube ich, der Moment, in dem der Sohn sich die alles entscheidende Frage gestellt hat: „Für wen bin ich eigentlich ein Segen?"

Die bittere Erkenntnis war: für niemanden, nicht mal für sich selbst.

Gottes guter Segen ist wie ein großes Zelt, ein helles Licht, des Freundes Hand, der sanfte Wind, ein Mantelkleid ein weiches Nest... Es war ihm egal, unter wessen Segen er aufgebrochen ist. Er war jung und voller Lebenslust, er konnte, er wollte hinaus in die Welt und niemand sollte ihn aufhalten.

Nun ist es wahnsinnig einfach, am Korrekturrand zu stehen, sich hinunterzubeugen und zu sagen, okay Junge, was hast du erwartet? Du hast es vergeigt. Dass er es vergeigt hat, weiß der Sohn in diesem Moment längst, und er bereut es zutiefst. Schuldbeladen macht er sich auf den Weg zurück zu seinem Vater, der einzige Ausweg, der ihm noch einfällt. Sein Herz wird ihm schwer vor lauter Schuldgefühl, aber die Geschichte geht gut aus. Der Vater ist überglücklich, er rennt dem Sohn schon vom Hügel aus mit offenen Armen entgegen. Seine Güte ist groß und seine Liebe unendlich.

Der Vater hat bestimmt nicht das Handeln seines Sohnes geliebt, ihn aber, den Sohn selbst, hatte er keine Sekunde aus seinem Herzen gestrichen. Was für ein Segen. Und wie sehr muss der Sohn genau an diesem Punkt erkannt haben, was er hatte liegen lassen. Diesen immens großen Segen, den der Vater ihm die ganze Zeit über so gern geschenkt hätte und den er in der Hoffnung, dass der Sohn doch irgendwann zu ihm zurückkommen möge, für ihn aufbewahrt hat. Wie sehr hätte sein Leben schon vor langer Zeit dadurch gesegnet sein können.

Es ist genug für alle da. Gott hat auch für dich einen Segen und er wird ihn dir von Herzen gern schenken, wenn du ihn darum bittest.

Julia Fiedler

Auf Gottes Schoß

Stell dir vor, du sitzt jetzt bei Gott auf dem Schoß.

Im Namen des Vaters, des Schöpfers,
der dich wundervoll geschaffen hat,
sei gesegnet.
Im Namen Jesu, seinem Sohn,
der für deine Krankheit, deine Schmerzen
und deine Schuld gestorben ist,
sei gesegnet.
Er hat es für dich getan.
Er liebt dich.
Sei von ihm gesegnet.
Im Namen des Heiligen Geistes,
der in dir lebt, um Raum zu schaffen für Kraft,
Freude und Frieden in deinem Alltag,
sei gesegnet.
Es segne dich der dreieinige Gott.
Amen

Ina Schmidt

Die Welt dreht sich
nicht nur um mich

Ich bin selbst in einem superchristlichen Elternhaus groß geworden. Mein Vater hat jeden Abend mit uns eine Andacht gehalten und zu dieser gehörte am Ende auch der Segen. Das war einfach so, ohne dass ich da viel drüber nachgedacht hätte. So bin ich schon immer mit dem Gefühl durchs Leben gegangen, gesegnet zu sein.

Während meines Theologiestudiums in Berlin habe ich eine Zeit lang in der Nähe der Zionskirche gewohnt, an der in den 1930er-Jahren auch Dietrich Bonhoeffer tätig war. Ich war der typische Student, der immer verpennt hat und überall zu spät kam. Allerdings habe ich es jeden Sonntag immer noch rechtzeitig vor dem Segen in den Gottesdienst geschafft. Der Segen hatte und hat für mich eine zentrale Bedeutung und ist das Wichtigste am Gottesdienst.

Segen hat für mich sehr viel damit zu tun, zu begreifen, wozu ich auf die Welt gestellt bin. Im Segen steckt für mich zugleich ein Geschenk Gottes wie auch ein Auftrag an uns.

Eine zentrale Bibelstelle ist dabei für mich die Bergpredigt in Matthäus 5, in der mehrfach davon die Rede ist, dass vor allem diejenigen selig oder glückselig zu preisen sind, die nach irdischen Maßstäben gerade nicht zu den Gewinnertypen zählen, die Armen, die Trauernden, die Sanftmütigen, die sich nach Gerechtigkeit Sehnenden.

Gesegnet zu sein, bedeutet für mich auch Anteil am Segen anderer zu haben. Gott hat nichts dagegen, wenn du in deinem Leben glücklich bist, aber vor allem will er, so denke ich, dass du heilig bist. Wenn du gerade unglücklich bist, heißt das nicht, dass dein Leben nicht gesegnet wäre.

Gott hat mich auf diese Welt gestellt, nicht damit sich alles nur um mich selbst dreht. Das erfahre ich gerade sehr deutlich als junger Vater, der nicht nur einen Sohn geschenkt bekommen hat, sondern erlebt, wie sich in aller Sorge um diesen kleinen Menschen die eigene Perspektive weitet. Alles, was ich habe, ist Segen. Mir das bewusst zu machen, wer ich bin, was mein Auftrag ist, zu spüren, dass ich Teil von etwas Größerem bin, dass ich mir eben nicht selbst genug bin und niemals sein kann, dass ich Jesus brauche und bei ihm Fülle finde, das heißt für mich, gesegnet zu sein.

Segen hat für mich immer auch eine wichtige leibliche Komponente. Im Predigerseminar haben wir gelernt, dass wir die Hände beim Segen so halten sollen, als würden sie sanft einen Kopf umschließen, und anschließend diese Geste auf imaginär viele Köpfe ausweiten. Aber dieses Bild, dass der Segen aus der sehr intensiven persönlichen Zuwendung zu einem Menschen kommt, finde ich sehr schön.

Ein Segenserlebnis, das sich mir besonders eingeprägt hat, war der Besuch einer Thomasmesse während des evangelischen Kirchentags 2005 in Hannover. Dort bin ich gesalbt worden, mit einem Kreuzeszeichen auf der Stirn, was einem Segen schon sehr nahekommt. In diesem Moment hat mir dieses leibhaftige Berührtsein von Gott und einem echten Menschen wirklich die Tränen in die Augen getrieben und es war eine Erfahrung, von der ich heute noch zehre.

Als Pfarrer bin ich schon häufiger gebeten worden, einen anderen Menschen zu segnen, eigentlich immer in Verbindung mit einem Gebet. Ich mache das gern. Ob ich mich trauen würde, einfach so andere Menschen zu segnen, wenn ich kein Pfarrer wäre, weiß ich nicht. Aber ich finde es toll, dass Menschen sich das trauen.

Daniel Cham Jung

Daniel Cham Jung, Jahrgang 84, arbeitet als Pastor im Ev. Kirchenkreis Schwelm und ist nicht beleidigt, wenn man den Ort googeln muss. Zurzeit darf er dort in einem engagierten Team eine Projektgemeinde für junge Erwachsene leiten. In Dortmund aufgewachsen ist er als Kind einer Krankenschwester und eines Bergarbeiters ein klassisches Ruhrgebietsprodukt. Er ist glücklich verheiratet und hat seit Kurzem einen Sohn, was drastische Konsequenzen für den Netflix-Algorithmus hatte. Neben seiner großen Leidenschaft für Filme und Serien ist er ein großer Fan von C.S. Lewis, Henri Nouwen und Rob Bell, deren Bücher sein Glaubensleben nachhaltig geprägt haben. Essenzieller Bestandteil seines Lebens ist neben Jesus und Familie koreanisches Essen. Dankenswerterweise betreibt seine Schwiegermutter ein koreanisches Bistro in seiner Wahlheimat Wuppertal.

Foto: © privat

Noah

Die Geschichte von Noah wird oft sehr niedlich dargestellt. Das große Schiff, auf dem Gott die Essenz seiner Schöpfung sicher durch die Sintflut steuert. Als Kind habe ich es geliebt, die vielen Tiere zu sehen, die durch Noah gerettet wurden. Aber das, was da wirklich passiert ist, das ist viel größer. Es ist eine Geschichte über ein nahezu unmenschlich großes Gottvertrauen und zugleich eine Geschichte über Gottes Segen.

Noah bekommt von Gott einen absolut ungewöhnlichen, aber sehr detaillierten Auftrag: Er soll ein Schiff bauen! Das ist für sich genommen noch nicht besonders bemerkenswert. Aber Noah lebt mitten in der Pampa weit ab von jedem Meer oder größerem Gewässer. Trotzdem beginnen Noah und seine Söhne mit dem Bau.

Natürlich ruft dieses seltsame Vorhaben Neugierige auf den Plan. Nachbarn, Freunde, die ratlos den Kopf schütteln und sich über Noah lustig machen. Ich kann mir gut vorstellen, wie sie hinter vorgehaltener Hand miteinander tuscheln und ihre Witze über ihn reißen – den Wüstenkapitän. Vielleicht will er mit seinem Schiff ja Sand zum Strand fahren. Auf jeden Fall müssen da so einige Körnchen im Getriebe seines Kopfes klemmen. Irre geworden, der alte Noah, und seine Sippe spielt auch noch mit.

Es ist mir ein Rätsel, wie die Familie das ausgehalten hat. Unermüdlich bauen sie weiter und irgendwann ist es so weit. Das große Schiff ist fertig. Von da an geht alles ganz schnell. Die Tiere kommen, Noah zählt durch, alle rein in die Arche, es fängt schon an zu tröpfeln. Der Himmel wird schwarz und schwärzer. Die einzige Tür der Arche schließt sich hinter Noah, seiner Frau, seinen Söhnen, deren Frauen und den vielen Tieren. Ein Regen, wie ihn die Welt bis dahin noch nicht gesehen hat, setzt ein. Was werden die Nachbarn und Freunde jetzt gedacht haben. Haben sie versucht, an die verschlossene Tür zu klopfen? Ab wann haben sie den Ernst ihrer Lage verstanden? Sie werden ertrinken, Männer, Frauen, Kinder, alle – mit Ausnahme von Noah und seiner Familie.

Doch wer jetzt denkt: *Der Noah hatte es gut. Der wurde schließlich gerettet*, dem kann ich nur bedingt zustimmen. Ein Jahr lang sitzt Noah mit seiner Frau, seinen drei Söhnen, seinen drei Schwiegertöchtern und mit Tausenden von Tieren auf diesem Schiff und weiß nicht, wann diese Reise enden und was dann auf ihn zukommen wird. Ein Gefängnis auf dem Wasser.

Lange hat Noah mit seiner Familie jede freie Minute für dieses Schiff geschuftet und nun schuften sie eingesperrt auf diesem Schiff für die Tiere. Ist das Gottes Segen?

Stellen wir uns die Arche einmal vor: kein lichtdurchfluteter Luxusdampfer, sondern ein gewaltiges Holzschiff, 150 Meter lang, 25 Meter breit, 15 Meter hoch. Es gibt drei Stockwerke und nur ein Fenster. Alles ist mit Pech ausgestrichen, damit kein Wasser durchdringt. Wer am Ende seiner Kräfte und seiner Nerven ist, kann nicht mal eben eine Runde durch den Wald drehen, um sich abzureagieren. Die Tiere müssen täglich versorgt werden, es gibt keine Aufzüge, kein elektrisches Licht und keine Hilfskräfte. Nur eigener Hände Arbeit auf einem dunklen, stinkenden, lärmenden Schiff und keine Möglichkeit, sich aus dem Weg zu gehen – und das über Monate, kein Ende in Sicht. Nur ein absolut festes Gottvertrauen, dass das Ganze schon irgendeinen Sinn haben wird.

Um das zu verdeutlichen, habe ich einmal von einer Jugendgruppe die Geschichte nachspielen lassen. Die Jugendlichen mussten mit Tischen und Wolldecken eine Art Schiff bauen und sich darin verkriechen. Es war eng, es war dunkel und sehr schnell wurde die Luft stickig. Als ich die Tücher beiseitezog, atmeten alle erleichtert auf – nach nur zehn Minuten. Noah und seine Familie waren ein Jahr an Bord.

Wie konnte Noah das durchstehen? Hat er auch unterwegs an Gottes Zusage gezweifelt?

Ich könnte das gut verstehen. Ich habe schon oft an Gottes Zusage gezweifelt, obwohl er mir so viel Gutes geschenkt hat. Trotzdem glaubte ich bei der nächsten Schwierigkeit gleich wieder, mein letztes Stündlein habe geschlagen. Manchmal kommt auch der bittere Zorn durch, weil Gott mir so viel Schlimmes zumutet. Warum gerade ich?

Es ist oft so schwer, durch die täglichen Nöte, Ängste, Sorgen und Unsicherheiten hindurch Gott bedingungslos zu vertrauen. Denn zu oft habe ich schon erlebt, dass alles schiefgegangen ist. Ich habe gebetet, Gott vertraut und trotzdem eine weitere schreckliche Nachricht bekommen. Alles hoffnungslos, Gott hatte mich vergessen. Ob Noah sich auch vergessen fühlte?

Da kommt nach über elf Monaten die Taube mit dem Ölzweig ins Spiel. Ob Noah wohl gleich voller Zuversicht war, als er den Ölzweig sah, oder ob er dachte: *Kann ich Gott vertrauen oder kommt morgen der nächste Regen?*

Wie oft ging es mir schon so! Ich habe die Flinte ins Korn geworfen und glaubte, kein Stück mehr mit meinem Gott weitergehen zu können. Ich war enttäuscht, verängstigt und mutlos, weil Gott nicht so handelte, wie ich es mir wünschte. Weil Gott auch Schweres zuließ – mir gefühlt zu viel Schweres.

Doch dann kam immer wieder eine Taube mit einem Ölzweig. Immer dann, wenn ich kapitulierte, hat Gott eingegriffen. Dann war Gott mir so nahe, dass ich es gar nicht mit Worten beschreiben kann. Aber bis ich dahin kam, musste ich erst mal meinen Perfektionismus und mein „Ich hab alles unter Kontrolle" abgeben. Begreifen, dass ich allein gar nichts kann. Das war ganz ehrlich jedes Mal eine harte Schule und ich wünsche mir nicht mehr davon. Doch ich habe daraus so unendlich viel gelernt. Gelernt, dass Gottvertrauen immer, wirklich immer belohnt wird, dass es sich lohnt, Gott blind zu vertrauen und dann mit ihm in kleinen Schrittchen wieder vorwärtszugehen.

So wie Noah, der irgendwann die Tür der Arche öffnet und den Schritt aufs trockene Land wagt. Und dann geschieht etwas Wunderbares. Gott spricht Noah seinen Segen zu: Ich bin bei dir, ich gehe mit dir, fürchte dich nicht!

Nicht am Anfang der Sintflut spricht Gott seinen Segen, sondern am Ende der Sintflut, der ein Neubeginn werden soll. Es ist, als ob Gott genau weiß, dass Noah jetzt noch viel mehr Mut und Gottvertrauen braucht als am Anfang, um in die Zukunft starten zu können. Dafür schenkt er seinen Segen, einen Segen, der auch heute noch gilt: „Solange die Erde steht, soll nicht aufhören Saat und Ernte, Frost und Hitze, Sommer und Winter, Tag und Nacht" 1. Mose 8,22 (LU 2017).

Und er segnet Noah und seine Familie, auf dass sie sich vermehren und glücklich werden. Gott hält sich bis heute an seinen Segen. Immer wenn wir einen Regenbogen sehen, ist das sein Zeichen, sein Bund mit uns, dass er zu seinem Segen steht.

Wenn Gott uns seinen Segen zuspricht, dann dürfen wir darauf vertrauen, dass er es auch ernst meint. Auch wenn wir nichts verstehen, alles hinterfragen, wütend, ängstlich oder hilflos sind, wir können nur eines – vertrauen. Immer wieder vertrauen. Denn das ist die wahre Größe der Noah-Geschichte. Eine Beziehung, die geprägt ist von einem megagroßen Vertrauen.

Gott möchte keine Wenn-dann-Beziehung.

Gott möchte nicht, dass du dich als Marionette fühlst.

Gott möchte nicht nur deine Sorgen von dir hören.

Gott möchte auch dein Lachen und deine Freude.

Gott möchte jede Sekunde an deinem Leben teilhaben.

Er möchte eine richtig echte Beziehung zu dir aufbauen.

Er möchte dein Herz erobern.

Denn dann kann sich sein Segen voll und ganz in deinem Leben ausbreiten. Gott schenkt *dir* seine göttliche Gnade und

Kraft durch seinen Segen. Du und ich, wir dürfen es von ganzem Herzen annehmen.

Bist du dafür bereit?

Simone Heintze

In Zeiten der Krankheit

Gott segne deinen Mut,
dass du kraftvoll der Krankheit,
der Angst entgegentrittst.
Gott segne dein Vertrauen,
dass du alle Sorgen und Nöte
Gott anvertraust.
Gott segne deine Wünsche und Träume,
dass du voller Zuversicht
dein Leben mutig in Gottes Hand legst.
Gott segne deinen Mut zum Durchhalten!

Simone Heintze

Sei kein Jona!

Als wir uns im Oktober 2020 auf unseren Weg nach Indien machten, habe ich nicht geahnt, dass diese Reise zu einer Segensreise werden würde. Wir erlebten Segen auf allen Ebenen. Was für eine Ehre, in diesem Buch darüber schreiben zu dürfen.

Unsere Reise begann eigentlich nicht erst im Oktober, sondern schon viel früher. Wir überlegten schon lange, was Gott mit uns vorhaben könnte, und mein Mann hat in Gesprächen immer schon gesagt, dass er gerne einmal für eine längere Zeit nach Indien gehen würde. Er ist Halb-Inder und seine Eltern haben vor vielen Jahren mit einer missionarischen Arbeit in Indien angefangen. Nach dem Tod seines Vaters im Jahr 2007 haben meine Schwägerin und mein Schwager diese Arbeit weitergeleitet, bevor mein Mann und ich dann im Jahr 2011 übernommen haben. Wir haben ein Kinderheim im Osten Indiens und planen derzeit den Bau einer Schule im Norden des Landes. Außerdem liegt uns Gemeindearbeit dort sehr am Herzen und in Zukunft würden wir gerne auch Bildungsprojekte umsetzen.

Wir waren im Jahr 2017 im Rahmen der Elternzeit bereits für drei Monate in Indien und damit hatte sich das Thema eines längeren Aufenthaltes für mich eigentlich erledigt. Aber dann kam 2020 und die weltweite Pandemie schüttelte uns einmal kräftig durch. Stellte vieles auf den Kopf. Wir hatten eine Menge Zeit zum Nachdenken, für Gespräche und vor allem für Gott. Hinzu kam eine allgemeine Unzufriedenheit, was unser Leben betraf. Das soll sich nicht undankbar anhören, aber wir hatten schon länger das Gefühl, dass Gott einfach mehr mit uns vorhat. Dass er uns nicht dazu geschaffen hat, jeden Tag zur Arbeit zu gehen, Essen zu kochen, Windeln zu wechseln und das Haus zu putzen. Wir sehnten uns danach, herauszufinden, was Gott wirklich von uns möchte.

Zwischendurch ließ mein Mann immer mal wieder das Stichwort Indien fallen, aber ich war einfach nicht bereit dazu, so eine Reise auf mich zu nehmen. Es gab so vieles, was für mich dagegensprach. Unsere Jüngste war viel zu klein. Zudem ist Indien ein Land, das mich wirklich sehr herausfordert, zum Beispiel bezüglich Sauberkeit, Essen und Lebensstandard. Zugegeben war es aber auch schlichtweg so, dass ich nicht wollte. Zu unbequem. Zu viel Planung. Zu viel Ungewissheit. Aber sicher auch zu wenig Vertrauen, zu wenig Mut und zu wenig Risikobereitschaft.

Ich erinnere mich noch genau an den Tag, an dem sich meine Sicht der Dinge änderte und Gott zu meinem Herzen sprach. Ich lag auf meinem Bett, es war ruhig im Haus und ich bat Gott, mir zu zeigen, was wir tun sollen und was er mit uns als Familie vorhat. Ich schloss die Augen und hörte einfach in mich hinein. Plötzlich hatte ich ganz deutlich drei Worte im Kopf: SEI.KEIN.JONA. Und sie trafen mich mitten ins Herz. Ich wusste genau, dass ich gemeint war.

Gott sagte in diesem Moment zu mir, dass unser Auftrag eigentlich schon lange klar war, aber dass ich einfach immer weggerannt bin. So wie Jona in der Bibel, der vor Gottes Auftrag weggelaufen ist. Von da an war mir klar, dass wir nach Indien gehen würden. Als ich meinem Mann davon erzählte, konnte er es gar nicht glauben, war aber natürlich sofort Feuer und Flamme. Ich spürte einen tiefen inneren Frieden, den ich nicht kannte. Das gab mir unheimlich viel Kraft und Motivation für die kommenden Monate.

Natürlich bekamen wir auch Gegenwind zu spüren, nachdem wir unsere Entscheidung bekannt gemacht hatten. Während einer Pandemie so eine Reise antreten? Mit drei Kindern? Unverantwortlich! Aber es war wirklich erstaunlich – dieser tiefe Friede verschwand nicht. Nicht ein einziges Mal.

Gott bestätigte den Weg in den folgenden Wochen sehr häufig und wir fühlten uns durch ermutigende Gespräche mit Familie und Freunden sehr gesegnet. Das größte Wunder und der größte Segen war, dass wir tatsächlich ein Visum für unsere Reise bekamen. Eigentlich wurden aufgrund der Pandemie keine Visa ausgestellt, es war also unmöglich für uns, ins Land zu kommen. Aber für Gott ist nichts unmöglich. Eines Tages erhielten wir den Anruf, auf den wir lange und gespannt gewartet hatten. Es konnte also tatsächlich losgehen. Sechs Monate in Indien standen uns bevor.

Wir beteten vor unserer Abreise, dass Gott uns wirklich gebrauchen würde, um anderen Menschen zum Segen zu sein. Das war eines unserer größten Anliegen. Schon bei allen Vorbereitungen auf die Reise fühlten wir uns reich gesegnet und beschenkt. Viele Dinge erledigten sich wie von selbst. Wir spürten, dass Gottes Gunst darauf lag.

Als wir in Indien ankamen, war aller Anfang zunächst schwer. Wir mussten in Quarantäne und ich hätte am liebsten den nächsten Flieger nach Hause genommen. Aber ich spürte diesen Frieden immer noch. Ich war genau am richtigen Ort. Gott schenkte uns in den nächsten Monaten viele Begegnungen mit Menschen, die sich schon allein durch unsere Anwesenheit gesegnet fühlten. Wir durften für Kranke beten, sie segnen und ihnen Gutes zusprechen. Das hat mich sehr berührt.

Jedes Mal wenn wir bei Leuten zu Besuch waren, wurde am Ende des Besuchs miteinander gebetet. Wir haben das Haus und die Menschen darin gesegnet und wurden selbst zu Gesegneten. Ja, das war eine unglaubliche Erfahrung für mich. Immer wenn wir anderen zum Segen sein konnten, fühlten wir uns selber so reich gesegnet und beschenkt. Segen verdoppelt sich, wenn wir ihn teilen.

Dazu fallen mir zwei besondere Begebenheiten ein, von denen ich erzählen möchte. Wir waren sehr oft mit dem Cousin meines Mannes zusammen. Er arbeitet sehr hart, um Geld zu verdienen, hat schon viele Jobs ausprobiert und sich vor einiger Zeit dazu entschieden, Kühe zu halten, um dann die Milch zu verkaufen. Für uns war es wirklich erstaunlich, zu sehen, was für eine immense Arbeit dahintersteckt. Ställe bauen, mehrmals täglich melken, Milch ausliefern, ausmisten, reinigen, Futter organisieren, sehr früh aufstehen und vieles mehr.

Mein Mann und ich überlegten uns, wie wir unserem Cousin die Arbeit erleichtern könnten, und kauften eine Melkmaschine. Damit kann die Arbeit wesentlich schneller und einfacher erledigt werden. Was war das für eine große Freude. Später kaufte er dann noch auf unseren Rat hin einen Hochdruckreiniger, damit das Ausmisten der Ställe nicht mehr mit einem kleinen Handbesen ausgeführt werden musste. Auch das war eine große Hilfe und Erleichterung für unseren Cousin. Auf diese Weise konnten wir zum Segen werden.

Es war eine kleine finanzielle Investition, die so viel ausmachte und durch die wir auch uns selbst gesegnet fühlten. Einfach, weil wir ein bisschen helfen konnten. Wir wurden gesegnet durch die Freude anderer. Unbeschreiblich!

Ein anderes Mal haben wir einen Mann mit seiner Familie besucht (mit Frau und zwei Kindern), der früher bei uns im Kinderheim aufgewachsen ist. Durch die Pandemie hat er seinen Job als Fahrer verloren und wartete nun täglich darauf, dass er einen Anruf bekommt und für kleine Jobs angefragt wurde. Erhielt er keinen Anruf, gab es natürlich auch kein Geld, um Essen für die Familie zu kaufen. Sein Sohn ging schon seit einiger Zeit nicht mehr in die Schule, weil die Schulgebühren nicht bezahlt werden konnten.

Wir berichteten von dieser Situation in einem Newsletter an unsere Freunde und Familie in Deutschland und einige

Menschen wurden von dieser Geschichte sehr berührt. Sie schickten uns Geld und so durften wir zu „Segensüberbringern" werden: Der Junge konnte wieder in die Schule gehen! Es war sehr bewegend, diese Familie zu erleben. Ja, Segen verdoppelt sich, wenn man ihn teilt.

Ich möchte öfter danach Ausschau halten, wo ich in meinem Alltag zur Segensbringerin werden darf. Oft sind es gerade die kleinen Dinge, die etwas verändern können.

Meine Schwiegereltern haben es damals so treffend formuliert, als sie mit ihrer Arbeit in Indien begonnen haben: „Wir können nicht die ganze Welt verändern, aber wir können die Welt von einigen Menschen verändern." Ja, wir können vielleicht nicht der ganzen Welt zum Segen sein, aber wir können zum Segen werden für die Menschen, die Gott uns zur Seite stellt. Und dann werden wir erleben, wie sehr wir selbst den Segen Gottes erfahren.

Melanie George

Melanie George, geboren am 31.12.1983, ist verheiratet mit Jonathan, hat drei Kinder und lebt in Hagen. Schon als Kind hat sie mit Begeisterung Geschichten geschrieben und ist gerade dabei, ihre Begeisterung fürs Schreiben wiederzuentdecken. Ihr Traum war es schon immer, ein Buch zu schreiben. Sie ist Lehrerin aus Leidenschaft und davon überzeugt, dass ihr Beruf auch ihre Berufung ist. Sie liebt es, mit Kindern und Jugendlichen zu arbeiten und ihnen zu zeigen, wie wichtig eine persönliche Beziehung zu Jesus ist.

Sie und ihr Mann führen den Verein *Hope for the Nations e.V.,* der sich momentan ausschließlich in Indien engagiert.

Glaub mir

Spüre den Segen:
Ich bin da, spricht Gott der Herr.
Auch dort, wo du es nicht fühlst, bin ich da.
Wo immer du bist, bist du innerhalb meines Segens.
Wenn du glaubst, zu versagen,
wenn du glaubst, einen Fehler gemacht zu haben,
wenn du glaubst, nicht gut genug zu sein,
wenn du glaubst, nicht geliebt zu werden,
wenn du glaubst, diese Aufgabe ist zu schwer für dich,
was immer du glaubst, ich glaube an dich.
Du bist unter meinem Segen,
denn du bist mein geliebtes Kind.
Es ist mein Segen, der dich reich macht
und es gibt nichts,
was du dem hinzufügen könntest.
Glaub mir.

Julia Fiedler

Blessing in disguise

Segen, ein wunderschönes Thema. Segnen ist für mich mehr, als jemandem ein Kreuz auf die Stirn zu drücken oder die Hände zu heben und einen Segen auszusprechen. Gott segnet jeden Einzelnen von uns durch Ereignisse, durch Menschen, durch Tiere. Immer wenn wir sagen, es ist gut so gelaufen, wie es war, und wir uns an das Gefühl dabei erinnern, spüren wir den Segen. Oder manchmal kommt uns eine Situation zunächst gar nicht so gut vor und erst hinterher wird klar, welch ein Segen wirklich darin verborgen lag. *Blessing in disguise* – wie übersetzt man das? Ich weiß es nicht. Glück im Unglück. Ein getarnter Segen, ein Segen, der erst später in voller Schönheit sichtbar wird. So ähnlich vielleicht.

Ich bin in Indien geboren als erstes Kind meiner Eltern. Ich war noch sehr klein, als meine Eltern mich taufen lassen wollten. Sie haben mir diese Geschichte erzählt. Eigentlich sollten meine Tante und mein Onkel meine Taufpaten werden, aber am Tag meiner Taufe hatten sie einen kleinen Unfall mit dem Auto und konnten nicht rechtzeitig da sein. Es war schon spät und langsam wurde der Priester ungeduldig. Meine Eltern wussten nicht, was sie machen sollten. Sie kannten sonst niemanden in der Kirche. Also schauten sie sich um und sahen eine Nonne, die ganz allein in einer Bank kniete und betete. In ihrer Not fassten sie sich ein Herz und fragten die Nonne, ob sie bereit wäre, jetzt hier sofort meine Patin zu werden. Sie willigte ein. Für mich wurde diese italienische Nonne ein großer Segen.

Zweimal im Jahr kam sie uns besuchen, meistens zu Ostern und zu Weihnachten. Sie brachte mir Süßigkeiten und Spielzeug aus ihrer Heimat mit – kleine Schweizer Gardisten aus dem Vatikan. Sie hat mir nie ein Kreuz auf die Stirn gemalt und mich nie niederknien lassen, aber immer wenn wir uns gesehen haben, hat sie mich – sie war eine große Frau – an ihre Brust gedrückt und umarmt. Ich kann mich nicht erinnern, dass meine Eltern mich groß umarmt oder geknuddelt hätten. Die Umarmungen meiner Patentante aber sind mir lebhaft und schön im Gedächtnis geblieben. Sie kamen von Herzen. Du spürst, wenn etwas echt ist.

Mit 17 bin ich dem Franziskanerorden beigetreten. In meinem ersten Ausbildungsjahr wurde ich aufs Land geschickt. Ich war ein Stadtkind, aufgewachsen in Bangalore einer Megacity im Süden Indiens mit zwölf Millionen Einwohnern. Das Landleben war mir fremd.

Einmal verletzte ich mich beim Fußballspielen am Bein. Keine sehr schlimme Verletzung, aber die Wunde hatte sich entzündet und tat weh. Der nächste Arzt war gute zehn Kilometer entfernt. Mein Magister sagte zu mir, ich solle nach dem Sechs-Uhr-Gebet am Nachmittag mein Fahrrad nehmen und dorthin fahren.

Ich radelte also in der Abenddämmerung, die an diesem Abend sehr schön aussah, die zehn Kilometer mit meinem schmerzenden Bein zum Arzt. Als ich bei ihm ankam, warteten dort noch immer ganz schön viele Patienten, deshalb war es längst stockdunkel geworden, als ich endlich drankam, und ich musste anschließend ohne Licht den ganzen Weg nach Hause zurücklegen. Ich konnte kaum den Weg erkennen.

Dazu muss ich sagen, dass ich seit meiner Kindheit panische Angst vor der Dunkelheit hatte. Meine Cousins haben sich regelmäßig darüber lustig gemacht und ihre Streiche mit mir gespielt. Immer wieder haben sie mich in dunkle Räume eingesperrt und fanden es spaßig, wenn ich Angst bekam. Nun stand ich allein in der Dunkelheit, niemand war da, der mir helfen konnte. Aber ich musste nach Hause und so blieb mir nichts anderes übrig, als trotz meiner Angst loszufahren. Mein Herz raste, ich bekam einen richtigen Adrenalinrausch.

Nach ein paar Metern tauchten jedoch rechts und links neben mir plötzlich kleine *fireflies* – Glühwürmchen auf. Ich hatte noch nie zuvor welche gesehen, denn in der Großstadt, in der ich aufgewachsen war, gab es keine Leuchtkäfer. Ihr Lichtschein war nur klein, aber sie beruhigten mich und begleiteten mich auf meinem gesamten Weg nach Hause.

Als ich mit meiner Ausbildung fertig war, trat ich meine erste Stelle als Kaplan in einer Gemeinde in Bangalore an. Eine große Gemeinde, zu der rund 8.000 Menschen gehörten.

Wir feierten jeden Sonntag elf Messen, zu denen 2.000 Menschen kamen. Es war viel los. Zu dieser Zeit belebten wir die Tradition, dass alle Eltern, die in der Messe waren, die Eindrücke, die sie von Gott bekommen hatten, im Anschluss an ihre Kinder weitergaben, indem sie diese segneten. Eine schöne Geste, wie ich fand. Auch auf mich kamen Sonntag für Sonntag viele Menschen zu, die darum baten, von mir gesegnet zu werden. Sie segnen zu dürfen, wurde auch für mich zum Segen.

Pater Sandesh Manuel

Pater Sandesh Manuel wurde am 4. Januar 1980 in Bangalore im Süden Indiens geboren. Er trat mit 17 Jahren dem Franziskanerorden bei und studierte Philosophie, Theologie und Musik. Seit 2013 lebt er im Franziskanerkloster Wien. Er malt, singt, spielt Gitarre, mag Sport und liebt es, Menschen zum Lächeln zu bringen. Als rappender Franziskaner hat er auch einen eigenen Youtube-Kanal.

Foto: © privat

Vor dir will ich tanzen – David

Sie hat viele Umwege gemacht, wurde gestohlen, unter König Saul beinahe vergessen und bei ihrer Rückholung hat es erschreckende Zwischenfälle gegeben. Doch nun ist die Bundeslade endlich wieder dort, wo sie hingehört. König David jubelt. Nur mit einem schlichten ärmellosen Leinengewand bekleidet, tanzt und hüpft er voller Hingabe vor Jahwe her. Er, der König, tanzt und singt in seinem Stofffetzen wie ein Verrückter auf der Straße. Als seine Frau Michal, eine Tochter König Sauls, aus dem Fenster blickt und ihren Mann so sieht, schämt sie sich in Grund und Boden. David kommt nach dem Festzug glückselig nach Hause, um voller Freude auch seine Familie zu segnen und den Daheimgebliebenen etwas von den Süßigkeiten des Freudenmahls zu bringen.

Da schleudert Michal ihm voller Verachtung entgegen: „Wie würdevoll hat sich der König von Israel heute benommen, als er sich vor den Frauen seiner Diener so schamlos entblößte, wie es sonst nur das niedrigste Gesindel tut."

Doch David erwidert nur: „Vor Jahwe, der mich deinem Vater und all seinen Nachkommen vorgezogen hat, der mich zum Fürsten über sein Volk Israel gemacht hat, ja, vor ihm will ich tanzen! Und ich will mich noch geringer als diesmal machen und auch vor mir selbst niedrig erscheinen."

Zum Segen gehört Hingabe. Segnen ist nichts, was du selbst machst, darum tritt auch dein Ego, dein Status, dein gesellschaftliches Ansehen, deine Scham dahinter zurück. Segen ist heilig, weil im Segen Gott wirkt.

David tanzt voller Hingabe für seinen Gott, er hat keine Angst, sich lächerlich zu machen, er hat nicht vergessen, dass er selbst der kleine Schafhirte war, der nur durch Gottes Gnade und Gottes Segen zum König wurde. Um eines Segens würdig zu sein oder auch um andere zu segnen, muss ich selbst keine großartigen Leistungen vorweisen können. Meine Hingabe ist das größte Geschenk, das ich Gott machen kann. Wenn ich mich ihm hingebe, kann er durch mich wirken. Was für ein Segen.

Julia Fiedler

Vergib mir

Wenn ich dem, der mir gegenübersteht,
doch nur zusagen könnte:
Du bist wie ich
– ein geliebtes Kind Gottes.
Dann könnten wir unseren gemeinsamen Vater bitten:
Segne uns!

Guido Hügen, OSB

Du bist gut!

Bei der Taufe nach katholischem Ritus wird dem Kind – oft noch vor der Kirche – zu Beginn ein kleines Kreuz auf die Stirn gezeichnet und gesagt: „Mit großer Freude empfängt dich die Gemeinschaft der Glaubenden." Nach dem Priester bezeichnen auch die Eltern und Paten (oder auch alle Anwesenden) die Stirn des Kindes mit dem „Zeichen des Kreuzes".

Ein Willkommensgruß – und mehr als das: ein Segensgruß. In vielen Familien wird das als Brauch übernommen. Seit bald 60 Jahren macht mir meine Mutter beim Abschied das „Kreuzchen" auf die Stirn. Ein wortloses „Sei behütet!", eine Zusage: „Gott geht mit." Gerade als Kind und Jugendlichem hat es mir noch mehr bedeutet. Es war Segen – und es war Stärkung: „Du bist gut." (Im Lateinischen heißt segnen „benedicere – zu deutsch: gut-sagen".)

Als junger Mann bin ich in ein Kloster eingetreten, habe Theologie studiert und bin zum Priester geweiht worden. Nach der Priesterweihe gibt es die „Primiz", die erste heilige Messe zum Beispiel in der Heimatgemeinde, und auch den „Primizsegen", den der Neupriester jeder und jedem

Einzelnen gibt. Für mich war dieser Gedanke sehr seltsam. Und so fragte ich mich: Kann ich denn als Priester einen „anderen", vielleicht sogar „besseren" Segen spenden? Und das auch noch zeitlich begrenzt? Das empfand ich als eine sehr alte Form und ein Klischee. Aber ich wollte auch niemanden vor den Kopf stoßen.

Doch als ich dann dort stand und meine Familie, vor allem meine Eltern, vor mir standen, da wurde mir deutlich, dass es für mich etwas ganz anderes ist. Es war ein wenig wie „zurückgeben". Das, was ich über die vielen Jahre nicht nur als Segenszeichen, sondern auch im Getragensein, im Rückenstärken, im Geliebtsein erfahren durfte, konnte ich jetzt in diesem kleinen Zeichen beantworten, und das nicht nur bei Eltern und Familie, auch bei Freundinnen und Freunden und gegenüber der ganzen Gemeinde. Das war ein wohltuendes Gefühl: Ich darf sie und alles das, was sie mir gegeben haben, in Gottes Hand geben.

Denn ich bin zwar derjenige, der den Segen spendet, ihn zusagt, aber nicht derjenige, der ihn gibt. Das kann nur Gott! Doch die Zusage Gottes: „Du bist gut, du mein geliebtes Kind!", die kann ich weitergeben. Wie wir alle.

Da bin ich übrigens beim Schlusssegen in Gottesdiensten sehr „egoistisch" und beziehe mich immer mit ein: „Es segne und behüte uns der gütige und barmherzige Gott…"

Diese Zusage Gottes durfte ich in meinem Leben oft spüren – auch in schwierigen Zeiten. Egal, was tief in mir war und mich aufwühlte, auch wenn ich es selbst nicht in Worte fassen konnte, war es gut, wenn jemand einfach nur diese drei Worte aussprach: „Gott segne dich!" Oder mir einfach schweigend die Hand auf den Kopf oder die Schulter gelegt hat. Oder eben das *Kreuzchen* auf meine Stirn geschrieben hat.

So berührt es mich auch heute noch, wenn – oft unerwartet – jemand um den Segen bittet. Ich kann dann die Zusage Gottes weitersagen und vermitteln, was Gottes Name im brennenden Dornbusch beinhaltet: „Ich bin der ‚Ich bin da'." Und ich füge hinzu: für dich!

Neben diesen „kleinen", meist sehr intimen Segen sind in meiner Erinnerung auch die anderen. Zum Beispiel nach Gottesdiensten bei Großveranstaltungen mit Pfadfinderinnen und Pfadfindern. Es ist für mich immer wieder ein tiefes Gefühl von Freude und Dankbarkeit, so vielen Menschen, Kindern, Jugendlichen und Erwachsenen zu sagen: „Seid gesegnet! Gott ist da für dich, dich sein geliebtes Kind!"

OSB Guido Hügen

Guido Hügen OSB, geboren 1963 in Rheinberg am Niederrhein. Seit 1983 Benediktinermönch in der Abtei Königsmünster in Meschede. Theologe, Sozialpädagoge, Supervisor und Trauerbegleiter. Seit seiner Jugendzeit in der Jugendarbeit aktiv, Leiter der Jugendbildungsstätte OASE und Bundeskurat der Deutschen Pfadfinderschaft Sankt Georg. Heute Hochschulseelsorger und tätig in der Beratungsstelle der Abtei Königsmünster. Das Leitwort, das über seinem Leben steht, stammt von Kurt Marti und lautet: „Wo kämen wir hin – wenn alle sagten – wo kämen wir hin – und keiner ginge – um zu sehen – wohin wir kämen – wenn wir gingen."

Foto: © privat

Der Segen des
kleinen Jungen

Es ist unglaublich, wie mein Leben sich verändert hat, seitdem ich meine sich im Endstadium befindliche Krebsdiagnose öffentlich gemacht habe.

Seit einigen Jahren betreibe ich mit meinem Zwillingsbruder Johannes den YouTube-Kanal: *The Real Life Guys*. Hier zeigen wir Videos von all den Sachen, die wir so machen. Unser erstes Video von einer fliegenden Badewanne wurde unser Markenzeichen. Wir lieben es, aus Badewannen verrückte Dinge zu bauen. *Do Something!,* das ist unser Motto. Statt am PC abzuhängen, trommeln wir lieber Freunde zusammen und machen was gemeinsam.

Das hätte ich gerne immer so weiter gemacht, wäre da nicht plötzlich eine Beule auf meiner Brust gewesen. Der vor vier Jahren behandelte Lymphknotentumor ist zurück. Nach dem ersten Schock war für mich schnell klar: Ich werde keine Chemotherapie mehr machen, das hab ich alles schon hinter mir und es hat nichts gebracht.

Also forderte ich Gott heraus, er soll sich um meine Gesundheit und um meine Heilung kümmern. Und Gott antwortete mir. Er sicherte mir zu, dass er heilen wird und ich keine Chemo mehr machen muss. Ich möchte darauf vertrauen, aber manchmal ist das schwer, wenn ich sehe, wie der Tumor wächst.

Viele Menschen nehmen mittlerweile an meiner Geschichte Anteil. Sie beten für mich und segnen mich. Lange Zeit in meinem Leben konnte ich mit dem Glauben an Gott nichts anfangen, aber innerhalb der letzten Monate hat sich das radikal geändert. Ich finde es unglaublich schön, wenn andere Menschen mir sagen, dass sie für mich beten und dass sie mich segnen. So wie Marci.

Ich war zusammen mit ein paar Freunden auf dem Weg zu unserem selbst gebauten *Tiny House*, weil das Dach undicht war. Das *Tiny House* hatten wir als Aktion über ein Autohaus verlost. Zum Glück klappte alles und wir konnten die undichte Stelle leicht reparieren. Auf dem Rückweg rief mich Marcus Walter vom ERF an. Nach einem Interview waren wir weiter in Kontakt geblieben und haben uns auch schon ein paarmal getroffen. Er ist mir zum Freund geworden.

Nun wollte er mich zu sich einladen und versprach mir dazu noch eine kleine Überraschung. Da wir auf dem Rückweg sowieso fast bei ihm vorbeikamen, sagten wir zu. Und dann war ich wirklich überrascht. Marci, der Sohn von Marcus Walter von ERF Mensch Gott, kam auf mich zu, streckte seine Hände aus und wollte mich segnen. Ich kenne es gut, gesegnet zu werden. In meiner Gemeinde ist es ziemlich selbstverständlich, zu segnen oder sich segnen zu lassen, aber von einem Kind bin ich noch nie gesegnet worden.

Ich ging also vor ihm in die Hocke, sodass er mir die Hand auf den Kopf legen konnte. Und dann sprach dieser kleine Junge die unglaublichen Worte: „Gottes Segen sei mit dir. Gottes Segen begleite dich, denn Gott hat durch dich noch so viel vor, und für diesen Weg möchte Gott dich ganz besonders segnen. Du darfst Gott vertrauen, er hat dich lieb!"

Ich bin immer noch so gerührt von diesen Worten und dieser Berührung und kann nur staunen. Es tat mir so gut, diesen Segen zu spüren. Der Segen von diesem kleinen Jungen war etwas ganz Besonderes und ich bin Gott dankbar, dass er Marci den Mut gegeben hat, mich zu segnen.

Philipp Mickenbecker

Philipp Mickenbecker, geboren 1997, hatte zum Zeitpunkt dieser Segensgeschichte, im Januar 2021, zum dritten Mal Lymphknotenkrebs im Endstadium. Am 09.06.2021 verstarb Philipp an seinem Krebsleiden. Er wohnte in der Nähe von Frankfurt in einer WG, war jedoch in ganz Deutschland unterwegs zu Vorträgen,

Interviews und Gesprächen. Philipp waren die Menschen und sein Glaube an Gott das Wichtigste. Mit seinem Zeugnis während seiner schweren Erkrankung hat er Millionen von Menschen ermutigt und war ein Vorbild. Er liebte es, mit seinem großen Freundeskreis Roadtrips zu machen. Zu finden sind seine Erlebnisse auf YouTube unter *Real Life Guys* und dem *Life Lion* Kanal, seinem zweiten großen Video-Projekt über krasse Erlebnisse mit Gott. *Foto: © The Real Life Guys*

* * *

Als ich im Sommer 2020 das erste Mal mit Philipp telefonierte, war da sofort eine tiefe Verbundenheit – durch unseren Glauben und durch die gemeinsame Erfahrung einer echt bösen Krankheit. Wir sind beide mit 16 Jahren an Morbus Hodgkin, dem Lymphknotenkrebs, erkrankt. Ich überlebte diesen Krebs vor 30 Jahren, Philipp mit seinen 23 Jahren nicht.

Und doch ist mir Philipp so ein großes Vorbild der Hoffnung! Bei Krebserkrankten, Geheilten oder Langzeitthera-pierten gibt es während und nach der Therapie immer wieder Aufs und Abs. Es ist nicht einfach, damit zu leben, die Angst ist einfach immer gegenwärtig.

Immer wenn ich mit Philipp telefonierte oder Nachrich-ten mit ihm schrieb, war er so voller Hoffnung auf ein großes Wunder von Gott. Diese Hoffnung hat mich so sehr beein-druckt und ermutigt.

Es ist uns daher eine große Ehre und Freude, dass wir seine Segensgeschichte und seinen Segenswunsch in diesem

Buch veröffentlichen dürfen. Diese Geschichte ist Philipp pur!

Philipp, du bist ein Segen für uns alle. Du hast das Leben so sehr genossen, hast dich für Menschen und Projekte eingesetzt. So viele Samenkörner hast du ausgestreut, so viel Denken verändert, Mauern der Ängste eingebrochen und Vorfreude auf den Himmel verbreitet. Auch wenn wir tieftraurig sind, dass du nicht mehr bei uns bist, so wissen wir doch: Gottes Plan ist gut, auch wenn wir ihn nicht immer verstehen. Es ist wie bei einem Teppich, der auf der Rückseite verworren gewebt erscheint, doch sobald man ihn umdreht, auf der Vorderseite ein wunderschönes Bild zeigt.

Simone Heintze

Ich segne dich, weil es dir das Herz zerreißen wird – Lukas 2, 21-35

Maria und Josef halten sich an die jüdischen Regeln. Mit Ende des Wochenbetts, 40 Tage nach der Geburt, bringen sie ihr Kind in den Tempel von Jerusalem, um es als erstgeborenen Sohn Gott zu weihen und das dafür vorgesehene Opfer darzubringen. Eigentlich sollte das ein Schaf sein, wenn dafür aber die finanziellen Mittel der Eltern nicht ausreichen, dann genügen auch zwei Tauben. Maria und Josef haben zwei Tauben im Gepäck.

Zur gleichen Zeit lebt in Jerusalem ein gläubiger Mann, Simeon. Sein ganzes Leben schon wartet er auf die Ankunft des Messias. Über das Warten ist er alt geworden und er spürt, wie seine Lebenskräfte schwinden. Aber Gott hat ihm versprochen, dass er nicht eher sterben wird, bevor er den Retter der Welt mit eigenen Augen gesehen hat. Diese Zusage und Hoffnung geben ihm Kraft für jeden Tag.

An diesem Tag spürt er einen noch größeren Drang als sonst, zum Tempel zu gehen. Er kommt dort gerade in dem Moment an, in dem auch Maria und Josef mit Jesus auf ihrem Arm den Tempel betreten. Sofort fühlt sich der alte Mann zu dem kleinen Kind hingezogen. Er bittet die Eltern, ob er es mal auf den Arm nehmen dürfe. Und da steht der alte Simeon und hält Gottes Sohn in seinen Armen. Was für ein Glück muss er in diesem Moment verspürt haben.

„Herr", sagt er, „nun kann dein Diener in Frieden sterben, denn du hast deine Zusage erfüllt."

Gott hat den Retter gesandt. Er hat sein Versprechen gehalten und Simeon hat es mit seinen eigenen Augen gesehen. Happy End. Noch nicht ganz, denn Simeon sieht noch mehr.

Er sieht, was der Messias in seinem irdischen Leben alles wird erleiden müssen, damit die Wahrheit ans Licht kommt und die Rettung verwirklicht wird, und er erahnt, wie sehr dies der jungen Mutter, die hier im Tempel vor ihm steht, noch das Herz zerreißen wird. Darum segnet er sie.

Simeon segnet die Heilige Familie und spricht damit auch dem Menschensohn, der doch selbst Gott ist, ein Gotteswort zu. Als Mensch wird Jesus Schlimmstes erleiden müssen, er wird kein leichtes Leben haben und seine Mutter wird mit ihm leiden. Am Kreuz wird Jesus mit brutaler Wucht die totale Einsamkeit und Gottesferne zu spüren bekommen. Wie schön, dass der alte Simeon es sich nicht nehmen lässt, das Baby Jesus auf seinem Arm Geborgenheit, Gehaltensein und Nähe zu seinem himmlischen Vater spüren zu lassen.

Ein Segen bewahrt nicht immer vor schlimmen Leiden, aber im Segen sagt Gott zu mitzugehen. Dort, wo ich ihn nicht spüren konnte, werde ich am Ziel verstehen, Gott ist schon da und er war die ganze Zeit neben mir.

Julia Fiedler

Einsamkeit

Wenn Einsamkeit sich breitmacht,
wenn ich mich verlassen fühle,
wenn niemand für mich da ist –
bist du, Gott, dann da?
Schenkst du mir deinen Segen?
Damit ich mit deiner Kraft
Einsamkeit verwandeln kann –
in neue Gemeinschaft oder
in Frieden mit mir selbst?

Im Alleinsein
mit mir.
Im Alleinsein
mit dir.
Sage mir, Gott:
„Du bist gut
– denn ich bin gut.
Auch zu dir."

Guido Hügen, OSB

Loslassen

Mir war ein bisschen komisch zumute, ich würde heute zum ersten Mal mit meinen Freunden in das *Christus Centrum Tostedt* fahren. Tostedt liegt in der Nähe von Hamburg und das CCT ist eine Gemeinde, die zum Bund der Pfingstgemeinden gehört. Ich war skeptisch, ob mir der Gottesdienst gefallen würde. Eigentlich läuft der Gottesdienst in Pfingstgemeinden ähnlich ab wie in anderen evangelischen Freikirchen: Es gibt viel Musik, viel Gebet, eine Predigt und häufig am Ende die Möglichkeit, nach vorne zu kommen, um für ein persönliches Anliegen beten oder sich segnen zu lassen.

Schon allein bei dem Gedanken, aufzustehen und nach vorne zu gehen, sträubten sich mir alle Nackenhaare. Nein, das wollte und würde ich auf gar keinen Fall tun.

Zu meinen Freunden sagte ich damals: „Ich möchte nicht, dass mich irgendjemand überredet, nach vorne zu gehen."

Ich war zwar neugierig auf das, was mich erwartete, aber meine Angst davor, plötzlich doch da vorne stehen zu müssen, hinderte mich anfangs, mich überhaupt so richtig auf diesen Gottesdienst einzulassen. Außerdem waren meine Kinder beide krank und wurden zu Hause von meinem Mann Friedemann versorgt. Ich hatte ein furchtbar schlechtes Gewissen. Meine Kinder waren damals erst zwei und vier Jahre alt und ich plagte mich mit dem Gefühl, dass ich besser bei ihnen geblieben wäre.

Vor allem um meine Tochter Lea machte ich mir große Sorgen. Sie hatte chronisches Asthma und dadurch schon mehrere Lungenentzündungen. Auslöser war eine Hausstauballergie, die gerade in den Wintermonaten am schlimmsten war. Mein Kopf war voll von Gedanken, was alles passieren könnte. Doch irgendwann gelang es mir, hinzuhören und das Thema des Gottesdienstes sprach genau zu mir: „Trauen wir Gott etwas zu oder meinen wir, wir müssen alles selbst machen?"

Traute ich Gott zu, dass er sich um meine Kinder kümmert? Wenn ich mich dort so ängstlich sitzen sah, traute ich Gott das wohl nicht zu. Doch genau das wollte ich ändern.

Als am Ende des Gottesdienstes der Aufruf kam, musste ich gar nicht erst überlegen. Ich sprang auf und lief nach vorne. Meine Freunde waren mehr als überrascht, aber ich spürte, dass das jetzt dran war. Ich wollte meine Familie und mich segnen lassen. Ich wollte Gott bitten, mir zu helfen, loszulassen. Im gemeinsamen Gebet brachten wir es vor Gott. Anschließend wurde ich vom Pastor gesegnet. Er segnete meine kranken Kinder, er segnete meine Familie. Ich kann gar nicht beschreiben, was das für ein befreiendes Gefühl war, endlich alles an Gott abgeben zu dürfen.

Erst nach diesem Segensgebet habe ich tief in meinem Herzen meine größte Angst zugelassen. Was, wenn Lea sterben würde? Eine tiefe Ruhe und ein Frieden erfüllten mich, denn mir war sofort klar, dass Lea dann zu Gott geht. Und Gott wird mich tragen, um diesen Schmerz auszuhalten. Ich habe mich getraut, im Schutze des Segens, meine größte Angst zu Ende zu denken und sie dann Gott anzuvertrauen. Nun wusste ich, egal, was passieren oder auch nicht passieren würde, er wird da sein und mich tragen.

Diesen großartigen Segen durfte ich aus diesem Gottesdienst mitnehmen. Er veränderte mich, machte mich mutiger. Und er ließ mich mehr und mehr Gott meine tiefsten Ängste anvertrauen.

Lea ging es daraufhin zwar immer wieder einmal schlecht und sie fehlte dann im Kindergarten, aber gerade in diesen Krankheitszeiten hatten wir zwei eine große Nähe. Ich saß dann nachts oft stundenlang im Bett hinter ihr, damit sie mit erhöhtem Oberkörper besser schlafen konnte und ihr das Abhusten leichter fiel. Trotzdem war sie meistens fröhlich und ich spürte, dass sie sich geborgen fühlte.

Mein Sohn Philipp hatte zwar auch häufig mit Infekten zu kämpfen, aber mit jedem Lebensjahr wurde es bei ihm besser. Mit knapp zehn Jahren hatte er einen Autounfall und es grenzte an ein Wunder, dass ihm dabei fast nichts passiert ist.

Meine Kleinkinder wurden älter und wuchsen zu gesunden Kindern heran. Natürlich gab es weiterhin Sorgen und Ängste, doch ich fühlte mich in alldem sehr getragen.

Immer dann, wenn meine Sorgen und Ängste ganz besonders schlimm wurden, erinnerte ich mich an das Segensgebet. Und dann war es mir wieder ganz klar: Gott kümmert sich!

Als meine Kinder ins Teenageralter kamen, hatte ich plötzlich große Schwierigkeiten mit meinem Sohn Philipp. Egal, was ich ihm sagte, bei ihm kam alles negativ an. Wir stritten ständig und meine Nerven lagen blank – seine wahrscheinlich auch. Als Mama war das fast nicht zum Aushalten für mich! Ich liebte meinen Sohn, warum war alles nur so schwierig?

In dieser Zeit plante ich, wieder zu einer Fasten- und Gebetswoche in die CCT nach Tostedt zu fahren. Kurz vor meiner Abfahrt dorthin ging ich auf meinen elfjährigen Philipp zu. Ich wollte ihm sagen, dass ich sehr froh sei, dass wir uns jetzt eine Zeit lang nicht sehen, denn meine Kraft war gerade ziemlich am Ende. Doch im letzten Moment konnte ich es positiv formulieren. Es war, als bildeten sich die Worte beim Sprechen um. Und so sagte ich ihm, dass ich in dieser Zeit für ihn und für mich beten lassen würde, dass unsere Beziehung wieder besser werden kann. Dann drückte ich ihn und ging. Erstaunt über mich selbst fuhr ich los.

Es war echt unglaublich, wie Gott wieder diese Zeit in der Gemeinde für mich nutzte. An einem Abend hatten wir das Thema: „Gesprochene Worte können verletzen und vernichten." Sätze wie: „Aus dir wird nie etwas" und „Du bist zu nichts zu gebrauchen", wirken oft noch Jahre später. Ich war erschrocken, wie nah ich dran gewesen war, meinem Sohn ebenfalls schlimme verletzende Worte zu sagen.

Zutiefst dankbar nahm ich wahr, dass ich mich von Philipp nicht mit verletzenden Worten verabschiedet hatte, obwohl sie mir auf der Zunge lagen. Und so betete ich: „Oh Gott, ich möchte, dass es mit uns besser wird und dass du mir den Mund vor schlimmen verletzenden Worten verschließt!"

Gegen Ende des Abends gab es wieder den Aufruf, zum Gebet und zum Segen nach vorne zu kommen. Wie sehr hatte ich darauf gewartet und so machte ich mich auf den Weg. Viele Menschen standen mit mir an, nach und nach rückte ich nach vorne. Als ich endlich dran war, stand ich vor einem rothaarigen jungen Mann.

Oh nein, dachte ich, *ich möchte zu einer Frau! Am liebsten zu einer Mutter.*

Ich wollte verstanden werden und dachte, das geht nur bei einer Frau. Ich wollte Mitgefühl für meine Situation und nun stand ich vor einem jungen Mann, der nur ein paar Jahre älter war als mein Sohn. Ich rang sehr mit mir: umdrehen, stehen bleiben, weitergehen? Zögernd machte ich einen Schritt auf ihn zu.

Der junge Mann war sehr freundlich und fragte mich sofort, für was er beten oder wofür er mir einen Segen aussprechen dürfe. Also begann ich zu erzählen, von meinem Sohn und wie schwer es mir fiel, diese Meinungsunterschiede zu ertragen. Als ich zu Ende berichtet hatte, beugte der Jugendliche sich leicht zu mir vor und sagte: „Bevor ich jetzt mit dir bete und dich segne, möchte ich dir noch sagen: Ich kenne das! Das war früher mit meiner Mutter genauso. Aber ich kann dir auch sagen, das wird wieder besser!"

Tränen schossen mir in die Augen. Es waren exakt die Worte, die ich gebraucht hatte. Schluchzend betete ich mit ihm um eine bessere Beziehung zu meinem Sohn und nahm dankbar den Segen Gottes an. Still bat ich Gott um Verzeihung, dass ich eigentlich nicht zu diesem jungen Mann gewollt hatte, und nun fühlte ich mich so beschenkt und gesegnet.

Voller Freude und Zuversicht machte ich mich auf den Nachhauseweg. Philipp fragte zu Hause sofort, ob ich für uns habe beten lassen. Ich konnte es bejahen und ihm sogar ein Bild von dem Jugendlichen zeigen, da er in der Jugendband mitgespielt hat. Philipp fand es cool, dass ein junger Mann für uns gebetet hat. Und mich hat im Nachhinein sehr bewegt, dass er so jung war und so vollmächtig beten konnte.

In den nächsten Wochen passierte tatsächlich Erstaunliches. Mein Sohn und ich redeten wieder miteinander, ohne direkt unser Nervenkostüm zu zerstören. Es fing damit an, dass ich mich ehrlich für das zu interessieren begann, was ihn interessierte. Zum Beispiel wollte Philipp einen Krimi lesen, für den ich ihn zu jung fand, aber er wollte dieses Buch unbedingt lesen. Normalerweise wäre hier das Gespräch schon eskaliert, doch nun kamen wir überein, dass ich es ebenfalls lesen würde und wir uns dann zusammen über das Buch austauschen könnten.

Das hat uns beiden so gutgetan, dass wir gemeinsam weitere Bücher lasen. Philipp las tagsüber, ich abends im Bett und dann tauschen wir uns darüber aus. Das war ein ganz neues Fundament! Eine krasse Wende in unserer Beziehung. Ein wohltuendes Aufeinanderzugehen nahm seinen Lauf.

Das Segensgebet war der Wendepunkt, und ich bin Gott so dankbar, dass er mich zu diesem Segen geführt hat! Seitdem schlägt mein Herz dafür, auch in meiner Gemeinde Segensgebete am Ende eines Gottesdienstes anzubieten. Es tut so gut, sich mit seinen Nöten und Sorgen direkt an Gott zu wenden. Es verändert!

Ina Schmidt

Ina Schmidt ist Jahrgang 1970. Sie liebt Gemeindearbeit, ist Kinderkrankenschwester und begleitet mit ihrem Mann Friedemann zusammen Freizeiten des Bibellesebundes. Ihre Kinder sind inzwischen 22 und 20 Jahre alt.

Foto: © Thomas Umbach

Ich bin bei dir in der Nacht

Möge der Herr in den wachen Stunden der Nacht
deine Schlaflosigkeit mit dir aushalten.
Möge der Herr den Lärm des Tages von dir abwischen
und deine Ohren ganz für seinen Frieden öffnen.
Möge der Herr in der Dunkelheit der Nacht
wie eine Mutter oder ein Vater neben dir sitzen
und all deine quälenden Gedanken
in seinen liebevollen Armen in den Schlaf wiegen.

Julia Fiedler

Ungesegneter
Gottesdienst

Ein Dialog zum Lesen und noch besser, dialogisch Lesen

Stell dir vor, wir befinden uns mitten in einer Pandemie. Das Leben scheint eingefroren. Alle sollen möglichst zu Hause bleiben und niemanden treffen. Das betrifft auch Gottesdienste. Statt in der Kirche sitzen wir am Sonntag auf dem Sofa oder der Küchenbank und feiern mit dem Kaffeebecher in der Hand Online-Gottesdienst – zumindest so lange, wie das WLAN stabil bleibt.

Den nachfolgenden Dialog zwischen Mann und Frau, die gemeinsam vor dem Laptop ihrem Pfarrer lauschen und dabei in eine segensreiche Diskussion geraten, kannst du dir auch auf YouTube https://www.youtube.com/watch?v=7v2zwvb7URY anschauen. Dort spricht Harry Voß ihn zusammen mit seiner Frau. Wir finden, es macht besonders großen Spaß, ihn selbst zu zweit im Wechsel zu lesen.

Mann und Frau sitzen zu Hause am Frühstückstisch vor einem Online-Gottesdienst, der gerade zu Ende geht.

Pfarrer (aus dem PC zu hören): Vor dem letzten Lied möchte ich Ihnen den Se-chz-chz Go-chz-chz zuspre – – . Geht nu- un... chz-chz Segen Gottes. (Das Bild am PC friert ein, der Pfarrer verstummt.)

Frau (liest eine Mitteilung mit, die auf dem Bildschirm erscheint): „Verbindung ist instabil." (zu Mann) Welche Verbindung ist instabil?

Mann (ungerührt): Die zu unserem Gottesdienst.

Frau: Nein, das stimmt nicht. Meine Verbindung zu unserem Gottesdienst ist sehr stabil. Stabiler als deine, würde ich mal sagen!

Mann: Die Internetverbindung meinte ich. Die ist instabil.

Frau: Und was heißt das?

Mann: Dass der Gottesdienst hängt.

Frau: Der hängt? Wo hängt der denn?

Mann (ist etwas genervt, tippt ein bisschen auf Tastatur): Draußen an der Wäscheleine.

Frau (schaut kurz raus, merkt dann, dass es ein Witz sein sollte): Was? Ach! Jetzt verkaufst du mich wieder für ganz dumm!

Mann: Nein, der hängt ... der hängt hier irgendwo im Internet rum.

Frau: Unser Gottesdienst??

Mann (tippt immer noch, brummt vor sich hin): Nee. Der kommt nicht mehr wieder.

Frau: Wer?

Mann: Der Pfarrer. (tippt, schüttelt den Kopf) Jetzt hat er sich aufgehängt.

Frau (entsetzt): Unser Pfarrer hat sich aufgehängt?

Mann: Nein! Der Gottesdienst! Der Gottesdienst hat sich aufgehängt!

Frau: Unser Gottesdienst hat sich aufgehängt? Wie soll das denn gehen?

Mann: Indem die Internetverbindung futsch ist! Entweder bei uns oder bei denen. Passiert schon mal.

Frau: Und jetzt?

Mann: Jetzt ist der Gottesdienst zu Ende. War er ja sowieso schon. Da kam ja nur noch ein Lied und dann war's das.

Frau (ergänzt energisch): ... und der Segen!

Mann: Genau. Und der Segen. Aber den gibt's heute nicht (klappt den Laptop zu).

Frau: Wie, den gibt's heute nicht? Der Segen ist das Wichtigste am ganzen Gottesdienst!

Mann: Quatsch!

Frau: Doch, klar!

Mann: Na, wenn das so ist, dann schalten wir den Gottesdienst nächste Woche erst fünf Minuten vor Schluss an.

Frau: Ach, du Quatschkopf! Natürlich ist der Gottesdienst insgesamt wichtig. Aber der Segen ist das i-Tüpfelchen! Ohne den Segen war der Gottesdienst kein Gottesdienst!

Mann: Blödsinn. Der Segen ist nur noch so eine Art frommer Abschiedsgruß. Den kannste dir auch nächste Woche wieder abholen.

Frau (empört): Frommer Abschiedsgruß? Der Segen ist Gottes Zuspruch an mich! Es sind Gottes gute Wünsche an mich!

Mann: Ja, von mir aus. Aber die kennst du ja sowieso. Gott soll dich behüten und sein Angesicht über dir leuchten lassen und dir Frieden schenken.

Frau: Ja, genau! Und diesen Segen hätte ich gerne noch!

Mann: Hast du doch!

Frau: Nein! Dafür hat sich doch der Gottesdienst gerade selbst erhängt!

Mann: Dann nimm den von letzter Woche. Der gilt immer noch.

Frau: Der ist aber schon eine Woche alt. Heute hätte ich einen neuen Segen bekommen!

Mann (stutzt): Wie lange ist denn die Halbwertszeit von so einem Segen?

Frau: Was meinst du denn damit schon wieder?

Mann: Ich meine ... was hat der Segen von letzter Woche für ein Haltbarkeitsdatum? Wann läuft der ab? Wann wird der schlecht? Oder wann gilt der nicht mehr?

Frau: Was ist denn das für eine blöde Frage? Der läuft natürlich überhaupt nicht ab. Der gilt immer!

Mann: Na, dann ist es doch piepegal, ob du heute den Segen noch mal extra zugesprochen bekommst, oder ob du noch unter dem Segen von letzter Woche lebst.

Frau: Ja. Vom Prinzip her ist das egal. Und trotzdem finde ich es gut und wichtig, am Ende eines Gottesdienstes von vorne den Segen zugesprochen zu bekommen.

Mann: Sonst was?

Frau: Sonst fehlt was.

Mann: Und was?

Frau: Der Segen natürlich!

Mann: Und was genau fehlt da? Was bekommst du als Give-away von Gott zusätzlich geschenkt, wenn dir jemand von vorne den Segen zuspricht? Oder was genau verwehrt dir Gott, wenn du den Segen am Ende eines Gottesdienstes verpasst?

Frau: Ach, so genau kann ich das doch nicht sagen! Gott verwehrt mir nichts. Aber wenn mir von vorne jemand sagt: „Der Herr segne dich und behüte dich", dann weiß ich: Aha, wie schön, Gott will mich auch in der nächsten Woche behüten. Er will auf mich aufpassen.

Mann: Heißt das dann, dass dir in der kommenden Woche weniger Unglück passiert? Ist es so eine Art magischer Schutzmantel?

Frau: Nein, natürlich nicht! Ich glaube ja auch nicht, dass Gott mir mehr oder weniger schenkt, wenn mir jemand den Segen zuspricht oder nicht. Ich glaube, es geht um mich als Hörer. Als Empfänger. Ich werde daran erinnert, dass Gott es gut mit mir meint. Und der Pfarrer oder wer auch immer spricht mir das, was Gott mir sowieso zugesagt hat, noch mal von vorne zu. So was wie: „Schaut her, Gott meint es gut mit dir, Gott will dich segnen, er will dich behüten, er will dir gnädig sein, er will dir Frieden schenken." Und ich denke: *Ach, wie schön. Danke, Gott.* Und dann gehe ich ermutigt nach Hause.

Mann (muss das erst mal auf sich wirken lassen): Aha.

Frau (fährt ungehindert fort): Ja. So wie ich grundsätzlich weiß, dass mein Mann mich liebt und ehrt und dass er mir treu bleiben will, solange wir leben, so wie er es vor vielen Jahren mal vor dem Traualtar gesagt hat. Aber trotzdem brauche ich es, dass mir das mein Mann immer mal wieder neu sagt und zuspricht.

Mann: Soll ich dir jetzt etwa jeden Sonntag mein Trauversprechen wiederholen?

Frau (grinst): Das käme mir entgegen!

Mann: Ich hab dir schon ein paarmal gesagt: Ich liebe dich, so wie ich es dir damals öffentlich versprochen habe.

Und das gilt solange, bis ich es öffentlich wieder zurücknehme. Und bis dahin muss ich das nicht ständig wiederholen und auffrischen, als würde zwischendurch die Wirkung nachlassen.

Frau: Siehste! Und da ist Gott viel freundlicher! Er weiß, dass wir das immer wieder brauchen. Darum lässt er es uns immer wieder neu zusagen!

Mann: Dann hat Gott aber sehr viele weibliche Gene!

Frau: Zum Glück!

Mann (nachdem er eine Weile überlegt hat): Na gut, ich mach's.

Frau (freudig überrascht): Echt? Du willst mir noch mal dein Eheversprechen zusprechen?

Mann: Nein. Ich will dir Gottes Segen zusprechen. Damit du dich eine weitere Woche lang unter der Segensblase von Gott sicher fühlst.

Frau: Ach, nee. Du doch nicht. Du kannst das nicht.

Mann: Warum das denn jetzt schon wieder nicht?

Frau: Das muss ein Pfarrer sagen. Oder ein Pastor. Von vorne.

Mann: Was? Wo steht denn das jetzt schon wieder geschrieben?

Frau: Das weiß ich nicht. Aber immerhin hebt er auch die Hände beim Segen. Das ist doch ein Zeichen dafür, dass der Segen irgendwie ... von ihm ausgeht ... also ... von oben durch ihn ... zu uns ...

Mann: Ach ja ... so als unsichtbare magische Wellen? Wie wird der Segen denn dann online übertragen? Passt der Segen überhaupt durchs Internet?

Frau: Was weiß denn ich! Ich meinte nur, der Segen ist halt etwas Besonderes! Das ist keine Tasse Kaffee, die man mal eben so über den Küchentisch reicht! Der kommt ja von Gott! Also muss der auch von jemand Besonderem gesprochen werden.

Mann: Du wünschst doch auch jedem Gottes Segen zum Geburtstag! Das tust du doch auch, ohne dass du jemand Besonderes bist!

Frau (plustert sich auf): Was?

Mann: Ich meinte … ohne dass du ein Pastor bist. Und immer wieder wünscht jemand gesegnete Pfingsten, gesegnete Mahlzeit, gesegnete Was-weiß-ich! Der Pastor ist doch kein Voodo-Zauberer, dass dessen Spruch mehr Kraft hätte.

Frau: Nein, natürlich nicht. (winkt ab) Ach, du machst alles viel zu kompliziert.

Mann: Ich wollte dir einfach nur den Segen zusprechen.

Frau: Mit welchen Worten denn?

Mann: Ich glaube, den Segen im Gottesdienst habe ich oft genug gehört. Den würde ich auch noch auswendig hinbekommen. Außerdem habe ich neulich bei einer Gemeinde gesehen, dass sie kleine Tütchen an einen Zaun aufgehängt haben. Mit einem Segensspruchkärtchen und einem Teelicht drin. Und auf einem Schild steht: „Bitte bedienen Sie sich. Segen to go."

Frau: Ach, das ist ja eine süße Idee.

Mann: Das findest du süß?

Frau: Ja.

Mann: Den Segen nach dem Gottesdienst muss ein Pastor sprechen, sonst wirkt er nicht? Aber einen Segen vom Zaun ab-
schneiden und sich selbst zusprechen – das ist süß?

Frau: Du verstehst das einfach nicht.

Mann: Nee. Das verstehe ich auch nicht.

Frau: Aber hast du denn nun den „Segen to go" mitgebracht?

Mann: Ja.

Frau: Na, dann lies doch schon vor!

Mann (holt das Tütchen, kramt das Spruchkärtchen raus, liest
vor): „So soll der Herr dich segnen: Er möge dich beschüt-
zen, dich freundlich anlächeln und dir gnädig sein. Über
allem gebe er dir inneren und äußeren Frieden. Shalom."

Frau (hat inzwischen aus ihrer Bibel einen Zettel herausge-
zogen, gibt ihn dem Mann): Sehr schön. Und jetzt noch
diesen hier als Zuspruch vorlesen.

Mann: Zwei Zusprüche an einem Sonntagmorgen?

Frau: Ja, bitte. Wo du schon mal dabei bist.

Mann (liest): „Ich will dich lieben und ehren. Ich will dir ...",
(stutzt, kapiert, dass er gerade das alte Trauversprechen
untergejubelt bekommen hat, seufzt und liest weiter)
„... vertrauen und treu sein. Ich will dir helfen und für
dich sorgen. Ich will dir vergeben, wie Gott uns vergibt.
Ich will zusammen mit dir Gott und den Menschen dienen. Dazu helfe mir Gott."

Frau (lächelt selig): Danke. So, jetzt bin ich für die kommende
Woche erst mal wieder aufgetankt.

Harry Voß

Harry Voß, geboren am 3. April 1969, war schon früh von Jesus begeistert und hat diese Begeisterung zum Beruf gemacht. Er hat Religionspädagogik studiert und erzählt seit mehr als 25 Jahren hauptberuflich als Autor und Referent für die Arbeit mit Kindern beim Bibellesebund Kindern von Gott. Harry ist verheiratet, hat zwei Kinder und lebt in Gummersbach. Bekannt geworden ist er unter anderem mit seinen Kinderbuchserien vom *Schlunz* und von den Agenten-Brüdern *Ben und Lasse*.

Komm zur Ruhe

Gott schenke dir einen Segen der Ruhe.
Er schenke dir einen Lieblingsplatz,
an dem du ausruhen darfst.
In deiner Fantasie liegst du in der Hängematte,
läufst durch den lichtdurchfluteten Wald
oder am rauschenden Meer entlang.
Endlich spürst du Ruhe.
Ruhe, um durchzuatmen,
Ruhe, um loszulassen,
Ruhe, um Gottes Nähe zu finden.
Gottes Segen schenke dir Ruhe und Frieden im Herzen.

Simone Heintze

Segen ist Gottes Gnade

Als Zehnjähriger kam ich zum ersten Mal bewusst mit Gottes Segen in Berührung. In einer Zeltevangelisation vertraute ich Jesus mein Leben an und seitdem ist es so, als ob mich Gottes Segen in meinem Leben beständig begleitet und beschützt.

Doch bereits in der Sonntagsschule formte mich mein Vater im Himmel und er brachte mich sogar dazu, dass ich selbst Mitarbeiter im Kindergottesdienst wurde. Groß geworden bin ich jedoch auf dem landwirtschaftlichen Hof meiner Eltern. Wir hatten Milchkühe und ich half, wo ich konnte, meinen Eltern bei der Arbeit.

Sonntags machten wir uns auf den Weg zur Kirche: meine Eltern nach Halver, ich zum Kindergottesdienst nach Schwenke. Es war nicht immer einfach, die Zeit hierfür zu finden, denn wir hatten mit dem Aufbau, Umbau und der Entwicklung unseres Hofes viel Arbeit. Einmal, ich war 18 Jahre alt, war auf dem Hof so viel los, dass ich weder am Freitag noch am Samstag zu einer Vorbereitung für den Kindergottesdienst kam. Also nahm ich mir vor, das am Sonntagmorgen zu erledigen. Aber da kalbte eine Kuh.

Pünktlich auf die Minute schaffte ich es dann trotzdem noch zum Gemeindehaus, hatte aber kein Programm für den Kindergottesdienst parat. Ich war verzweifelt. Mir blieb nur, aus dem Stegreif zu improvisieren. In dieser Stunde entstanden mit den Zwölf- bis Vierzehnjährigen so wertvolle Gespräche, dass ich lernen durfte, Gott kann auch leere Hände füllen. Das war eine Segenserfahrung für mich – die mich jedoch nicht zur Faulheit verleiten sollte.

Mit 17 Jahren sah ich meine zukünftige Frau Helma zum ersten Mal, als sie mit ihrem Mädchenkreis bei einer Evangelisation sang, bei der auch ich als Zuhörer anwesend war. Mir war es wichtig, auf jeden Fall eine Frau zu finden, die meinen Glauben mit mir teilte. Später hat sie mir gesagt, dass das auch ihr sehr wichtig sei. Doch bis wir uns dann wirklich trafen, ging noch viel Zeit ins Land. Zu Beginn traute ich mich nicht, Helma anzusprechen. Noch nicht einmal, als ich zufällig mit dem Moped an ihr vorbeifuhr und sie leicht nach Hause hätte begleiten können. Mir fehlte einfach der Mut.

Ich ging dann erst einmal für ein halbes Jahr ins Allgäu, um dort auf einem Hof zu arbeiten, während der Sohn des dortigen Bauern im Austausch für sein Landwirtschaftslehrjahr auf den Hof meiner Eltern kam.

Im Briefeschreiben war ich nicht so gut, aber irgendwann schrieb ich wenigstens meinen Freunden, dass es mir gut gehe und dass vor allem die Töchter des Hofes und der Nachbarschaft wirklich ganz nett wären. Dann bekam ich einen Brief von Helma und wir begannen uns regelmäßig zu schreiben und über unsere Briefe kennenzulernen. Mit der Zeit wurden die Briefe immer inniger.

Als ich wieder in meine Heimat zurückkam, verabredeten wir uns häufig. Das war eine schöne Zeit und ich war so dankbar, dass ich dieses hübsche, gläubige Mädchen lieben durfte und diese Liebe erwidert wurde. 1969 heirateten wir schließlich in unserer Kirche in Halver.

Wir haben zeit unseres Lebens Gottes Segen spüren dürfen – über ein halbes Jahrhundert! 2019 hatten Helma und ich Goldhochzeit. Unser Trauspruch: „Ich aber und mein Haus wollen dem Herrn dienen" aus Josua 24,15 ist uns zum Lebensmotto geworden. Wir lernten, was es heißt, zu dienen. Das Dienen für andere wurde uns zum Segen.

Unser Haus war nicht nur für unsere Familie offen, sondern auch für Menschen, die Hilfe benötigten. Vor allem Jugendliche, die zu Hause nicht zurechtkamen, fanden bei uns Platz, weil wir viele Möglichkeiten zum Übernachten hatten. Helma kümmerte sich um ihre Verpflegung und beide hatten wir offene Ohren für die Anliegen der Jugendlichen. Oftmals versuchten wir sie für die Schule oder eine Lehrstelle zu ermutigen, gleichzeitig konnten sie bei uns auf dem Hof mithelfen und hier Erfolge erleben. Manchmal blieben sie Wochen oder auch Monate bei uns. Auch 15 Straßenkinder aus Kenia fanden bei uns für einige Zeit Unterschlupf. Menschen in besonderen Lebenssituationen begleiten zu dürfen und ihnen zu helfen, das war und ist auf unserem Bauernhof eine gute Möglichkeit, die wir wahrnehmen durften.

Doch zu Beginn unserer Ehe mussten wir erst mal an allen Ecken und Enden sparen, weil unser kleiner Hof im Strukturwandel und der Aufbauphase war. Meine Frau ließ sich davon aber nicht beirren, voller Optimismus lautete ihr Spruch: „Betend erst die Hände falten, dann ans Werk mit ganzer Kraft. Jeder, der es so gehalten, hat noch immer gut geschafft."

1972 begannen wir zusammen im örtlichen Chor „Wir singen für Jesus" zu singen. Wir beide mochten das sehr. Zusammen zu Gottes Lob zu singen und andere Menschen dadurch für Gott zu begeistern, das erinnerte uns wieder an unseren Trauspruch. Doch das war nicht immer einfach, denn es fanden samstags viele Konzerte auch in anderen Orten statt. Unsere Kühe schauten dann oft ganz schön überrascht, wenn ich sie nachmittags um 15:00 Uhr von der Weide holte, damit wir rechtzeitig zum Singen kamen.

Es fiel mir nicht leicht, dann anschließend die Maschinen in die Scheune zu stellen und die restliche Arbeit auf den Montag zu verschieben, denn der Sonntag sollte unser Ruhetag bleiben. Wir lebten schließlich von den Einnahmen der Landwirtschaft und eigentlich hätte ich auf meinen Wiesen und Feldern arbeiten müssen und nicht singen sollen. Aber ich hatte das Gefühl: Das Singen ist jetzt wichtiger.

Wir wurden mit unserem Chor oft zu Konzerten in andere Gemeinden eingeladen, manchmal für mehrere Tage und hin und wieder auch ins Ausland. So waren wir sogar in Kanada, den USA und in Israel. Vor dem Weißen Haus in Washington und in Betlehem an der Geburtsstätte von Jesus haben wir gesungen. Es war schon etwas ganz Besonderes, in diesem Chor singen zu dürfen. Später, als unsere Kinder größer waren, sind sie bei unseren vielen Auftritten als Zuhörer mit dabei gewesen. Das Besondere an diesen Choreinsätzen war und ist aber, dass dadurch viele Menschen zum Glauben kamen.

Als 1989 die Milch-Garantiemengen-Verordnung neu bestimmt wurde, gab es plötzlich ein Milchkontingent, an das man sich halten musste. Auf dem Markt gab es zu viel Milch, das sollte dadurch geändert werden. Und so mussten wir Bauern plötzlich Strafe bezahlen, wenn wir zu viel Milch lieferten. Und dabei hatten wir alle zu viel Milch! Es war ein Desaster für uns Bauern.

Zum Glück gab es aber eine Härtefallgenehmigung, die auf Betriebe zutraf, die eine genehmigte im Bau befindliche Kuhstallanlage hatten. Genau das hatten wir und so wurde uns eine höhere Quote gestattet und wir durften weiterhin mehr Milch abliefern, die wir auch bezahlt bekamen. Wir empfanden das als einen großen, hilfreichen sowie unverdienten Segen.

Kurze Zeit später brauchten wir auch eine größere Scheune. Weil mein Nachbar mich für den Verkauf seiner Weihnachtsbäume eingespannt hatte, merkte ich schnell: Das macht Freude, entspricht meiner Neigung, ist eine Marktlücke und ein interessantes Geschäft. So habe ich im nächsten Jahr Weihnachtsbäume aufgekauft, um sie auf eigene Rechnung weiterzuverkaufen. Doch bald merkte ich, dass es eigentlich viel besser wäre, wenn ich die Weihnachtsbäume selbst anpflanzen, großziehen und dann nach acht Jahren verkaufen würde. So stieg ich über Umwege in die Weihnachtsbaumproduktion ein. Je mehr Bäume wir anpflanzten, desto weniger Kühe konnten wir halten, da unsere Maisfelder und Wiesen nun mit Tannenbäumen bepflanzt waren.

1990 kauften wir unsere ersten Shropshire-Schafe, weil diese Rasse das Gras zwischen den Bäumen frisst, ohne an den Weihnachtsbäumen zu knabbern. Wir hatten also viele natürliche und umweltbewusste Rasenmäher, die uns begeisterten und gleichzeitig unsere Kulturen pflegten. Inzwischen haben wir circa 100 Schafe, die im Frühjahr ausschwärmen.

Mittlerweile war unsere Familie um fünf wertvolle Kinder reicher geworden. Alle halfen fleißig bei den Schafen, den Kühen und den Weihnachtsbäumen mit.

Es ist ein ganz besonderer Segen für Helma und mich, dass wir mit unseren Kindern auch bei oftmals unterschiedlichen Meinungen bis heute ein gutes Miteinander haben.

Man hört leider häufig, dass es bei Erbschaftsgeschichten Streit gibt, aber als ich unseren Hof nach preußischem Höferecht an unseren ältesten Sohn Heiko übergab, konnten wir das alles friedlich und einvernehmlich regeln. Ich wusste, dass Gott da seine Hände im Spiel hatte, und dafür waren wir ihm sehr dankbar. Das war ein spürbarer Segen, den er meiner Familie schenkte. Auch mit unseren Nachbarn und Verwandten gab es niemals Streit.

Gottes Segen ist etwas sehr Heiliges für mich. Zwei meiner jüngsten Kinder durfte ich bei deren Taufe den aaronitischen

Segen zusprechen. Später auch bei einigen meiner zwölf Enkelkinder. Das waren heilige Momente für mich.

Ich muss jedoch gestehen, dass ich niemand bin, der einfach auf jemanden zugeht und ihn segnen würde. Das liegt vielleicht daran, dass ich in jungen Jahren Menschen begegnet bin, die sehr von sich und ihrem Glauben überzeugt waren. Sie waren selbstbewusst, sprachen andere an und wollten sie ohne deren ausdrücklichen Wunsch und Willen segnen. Deshalb habe ich ein Problem mit dem Ausspruch: „Ich möchte dich segnen."

Der Segen ist Gottes Segen und nicht der Segen eines Menschen. Wir Menschen sind nur die Überbringer, Gott aber schenkt Bewahrung und Schutz. Diese Tatsache machen mir zwei Geschichten, die beide ganz anders hätten ausgehen können, besonders deutlich.

Mein damals achtjähriger Sohn und ich waren auf einer steilabhängigen Wiese mit dem Traktor und Anhänger unterwegs. Plötzlich geriet der Traktor ins Rutschen und wurde immer schneller. Er geriet in Schieflage und wäre fast mit mir und meinem Sohn umgekippt. Das hätten wir vermutlich nicht überlebt. Mir ist heute noch nicht klar, wie es zuging, dass wir plötzlich im Tal standen und nicht umgekippt waren. Das sehe ich als eine große Bewahrung und einen Segen.

Das andere Mal, ich war 20 Jahre alt, war ich auf dem Rückweg von einem Besuch bei Helma im Auto unterwegs. Es war spät geworden, der Vater meiner zukünftigen Frau war gerade verstorben und es war viel zu besprechen. Die Nacht war stockdunkel und ich war erschöpft und müde vom langen Tag. Beim Überqueren einer Brücke passierte es dann. Ich muss in einen Sekundenschlaf gefallen sein, denn plötzlich wurde ich im Auto hin und her geschleudert, nachdem ich gegen das Brückengeländer gedonnert war. Mein Auto drehte sich im Kreis, aber das Brückengeländer hielt und ich stürzte nicht in die Tiefe. Mit wackeligen Knien stieg ich aus dem Auto und konnte nur staunen, wie ich unter Gottes Segen beschützt wurde.

Über ein halbes Jahrhundert durften meine Frau und ich diesen Segen spürbar erleben. Als größten Segen empfinde ich aber bei aller Bewahrung und allem äußeren Gelingen, dass ich Gott in Jesus kennenlernen durfte und an ihn glauben darf. Sehr dankbar bin ich für seine Begleitung in all den Problemen und den unbeantworteten Fragen des Lebens. Doch die Hoffnung auf ein Leben nach dem Tod bei ihm bleibt.

Eberhard Tacke

Eberhard Tacke, 74 Jahre alt und Helma leben im schönen Märkischen Kreis zusammen mit ihrem Sohn Heiko und seiner Familie, der den Hof weiter bewirtschaftet. Aber im Alter immer nur ausruhen geht nicht, und so haben sie stets ein offenes Ohr und Herz für andere Menschen. Sie sind

Foto: © privat

Ratgeber, wenn es gewünscht wird, und helfen mit, wo sie gebraucht werden, und so ist es kein Wunder, dass sie viel Besuch von ihren Kindern, Enkelkindern und Freunden bekommen. Wichtig ist den beiden immer noch, für andere ein Segen sein zu dürfen.

Du bist berufen

Der Herr segne dich und behüte dich.
Er schütze dich vor Erschöpfung und Einsamkeit.
Er lasse sein Angesicht leuchten über dir.
Er vertreibe die Dämonen der Angst und Dunkelheit
und schicke dir seine Engel der Zuversicht und des Lichts.
Der Herr sei dir gnädig.
Er erlöse dich von allem „du musst und du sollst"
und führe dich in die Freiheit des
„du bist stark und du kannst".
Der Herr hebe sein Angesicht auf dich.

Der Herr lasse dich spüren,
was er dir zutraut und zu welcher Aufgabe
er gerade dich berufen hat.

Und er gebe dir Frieden.
Der Herr schenke dir die Gelassenheit
und die Stille,
die dir in der Unsicherheit dieser Zeit guttut
und eine Quelle der Kraft und Inspiration ist.
Amen!

Pastor Rainer Chinnow

Die Segenskette

Schon ein Jahr vor meinem Abitur hatte sich ein tiefer Wunsch in mein Herz gegraben, den ich mir nicht wirklich erklären konnte. Ich wollte unbedingt nach Schweden reisen, wusste aber nicht, warum genau. Doch das innere Ziehen ließ mich nicht los. Wenn man an „Gottes Reden" im Alltag glaubt, stelle ich es mir genau so vor.

Irgendwann war es dann tatsächlich so weit. Ich hatte die Prüfungen hinter mir und buchte eine Fähre von Rostock nach Malmö. Zwar wusste ich immer noch nicht, was genau ich eigentlich in Schweden sollte, aber ich fühlte weiterhin ganz stark den Wunsch, zu gehen und das *Wozu*, so hoffte ich, würde sich schon noch ergeben.

Das Gefühl, als ich im Hafen von Malmö ankam, war unbeschreiblich. Als ob ich endlich genau da war, wo ich sein sollte. Aus den zwei Tagen, die ich eigentlich bleiben wollte, wurden 14. Ich hatte unglaubliche Begegnungen, aus denen Freundschaften wurden, erlebte Gebetserhörungen, Gottes Reden, Führen und Heilen. Es war so viel auf einmal, dass das Radio auf mich aufmerksam wurde und ein Interview mit mir über die Erlebnisse machte. Ich spürte die ganze Reise über, dass Dinge nicht aus Zufall passierten, sondern Gott wirklich über allem seine Hand und seinen Plan hatte. Das bestätigte sich nicht nur in von mir *steuerbaren* Begebenheiten, sondern vor allem durch die vielen Dinge, die ich nicht beeinflussen und planen konnte.

Es hatte in den gesamten zwei Wochen, was, wie mir alle Schweden bestätigten, äußerst ungewöhnlich war, nicht einen Tropfen geregnet. Sobald ich jedoch die Fähre für meine Rückfahrt bestiegen hatte, kamen die Wolken und der Himmel brach über das Meer und die Stadt herein. Ähnlich taten es meine Gefühle. Ich war dankbar und gleichzeitig überfordert von all den Erfahrungen und Eindrücken in so kurzer Zeit. Ich war ergriffen von so vielen Wundern, die in Schweden passierten und Gottes Güte, mich in alldem zu führen.

Meine Kleidung war mittlerweile alles andere als sauber und wohlriechend. So aufregend die Reise auch gewesen war: Ich wollte nach Hause! Doch da sagte diese innere sehr laute Stimme, die mich schon die ganze Zeit über begleitet hatte und die sich ganz anders anfühlte als bloße Gedanken: „Geh noch nicht nach Hause! Deine Reise ist noch nicht beendet."

Wie jetzt? Ich war doch schon halb wieder in Deutschland. Wo sollte ich denn nun hin? Wieso sollte ich noch nicht nach Hause? Ich war müde, hungrig, ich stank und war randvoll mit Emotionen. Es wurde dunkel, es regnete und ich kannte hier niemanden. Auch wenn mich diese Stimme bis dahin nie in die Irre geführt hatte, überforderte mich diese Aussage. Ich brach in Tränen aus.

Mitreisende brachten mir etwas zu trinken, da ich vor lauter Weinen sichtlich schon zu viel Flüssigkeit verloren hatte. Um meine Gedanken zu sortieren, nahm ich mein Tagebuch und schrieb. Und obwohl meine Augen so von Tränen benetzt waren, dass ich gar nichts erkennen konnte, schrieb meine Hand in aller Verschwommenheit einfach weiter.

Als ich etwas später wieder klarer sehen konnte, las ich, was dort geschrieben stand: „Geliebtes Kind, habe ich dich nicht immer versorgt, dir nicht immer den Weg gezeigt, dich nicht die ganze Zeit geführt? Warum sorgst du dich jetzt? Steig aus und führe deine Reise hier fort, denn sie ist noch nicht zu Ende!"

Ich weinte erneut. Diesmal vor Liebe und Staunen über Gottes Gegenwart. Denn ich wusste, dass Gott mich tatsächlich noch nie enttäuscht hatte. Warum sollte ich jetzt anfangen, daran zu zweifeln? Also stieg ich am Hafen in Lübeck aus und fuhr anstatt weitere 600 Kilometer nach Hause zum Bahnhof.

Immer noch begeistert vom Kennenlernen neuer Menschen, stellte sich mir ein Drogendealer vor, der mir ein paar seiner Klingenwaffen vorführte, die er aktuell bei sich trug. Okay, das war zu viel. Hier konnte ich nicht bleiben. Zumal er mittlerweile richtig vermutete, dass ich allein war in dieser Stadt.

Also zückte ich mein Handy und suchte im Internet: *Pastor in Lübeck*. Wenn einer einem spontan hilft, dann doch ein Pastor, oder?

Also rief ich einen der Pastoren an: „Hallo, ich bin Michal, ich bin in Lübeck, ich kenne hier niemanden, es wird dunkel und ich habe Angst."

„Du bist am Bahnhof? Ich bin in 10 Minuten da!"

Wow, 10 Minuten später war er da. Ich verabschiedete mich von meinem *Waffenfreund* und stieg in den Wagen des Pastors. Schon im Auto stellten wir fest, dass seine Schwester eine alte Bekannte von mir ist. Ich war in Sicherheit.

„Dann fahr ich dich direkt zu ihr. Sie wird sich freuen", meinte der Pastor.

Aber wieder hörte ich diese innere Stimme, die mir sagte: „Nein, übernachte nicht bei deiner Freundin zu Hause, gehe ins Gemeindehaus!"

Als ich den Pastor fragte, ob ich nicht im Gemeindehaus schlafen könnte, wurde er nachdenklich. „Das ist gerade schwierig. Normalerweise ist das kein Problem und Platz wäre auch. Aber wir beherbergen gerade eine Familie, die einen schlimmen Unfall hatte. Ich denke, wir sollten sie nicht stören."

Wäre die Stimme nicht so laut gewesen, hätte ich das sicherlich akzeptiert und toleriert, so aber wagte ich einen neuen Versuch.

„Ich würde gerne im Gemeindehaus schlafen."

Dort angekommen machte ich es mir im Jugendkeller auf einem Sofa gemütlich. Am nächsten Morgen setzte ich mich ans Klavier im Gottesdienstsaal, um zu beten. Irgendwann öffnete sich die Tür einen kleinen Spalt und eine Frau, Mirjam, kam herein. Eins ihrer vier Kinder war bei ihr. Die anderen, so stellte es sich heraus, waren bei Familie und Freunden notuntergebracht. Sie kam rein und wir kamen ins Gespräch.

Ihr Mann hatte vor ein paar Tagen im Sommerurlaub am Meer einen schweren Unfall gehabt. Ein Sonnenschirm war durch eine Windböe so durch die Luft geflogen, dass eine Speiche sich nicht nur durch sein Auge gebohrt hatte, sondern durch das gesamte Gehirn: Großhirn, Kleinhirn und Hirnstamm. Dass er überlebt hat, war für die Ärzte medizinisch nicht zu erklären. Aber er schwebte weiterhin in Lebensgefahr.

Seine Frau Mirjam und ich verbrachten die Abende gemeinsam im Gemeindehaus. Wir beteten zusammen, zündeten eine Kerze an und legten Gott alle Sorgen hin, die so unerträglich auf unserer Brust lagen.

Einige Tage später nahm mich Mirjam mit ins Krankenhaus. Ich nahm meine Gitarre mit und wir sangen dort gemeinsam für ihren Mann das Lied „Der Herr tut heute noch Wunder". Michael war ansprechbar. Aber welche schweren Folgen die Gehirnverletzungen haben würden, konnte man noch nicht abschätzen.

Ich glaube, ich habe in meinem Leben noch nie so sehr Gottes Gegenwart gespürt wie in diesem Krankenhauszimmer. Zwischen dem Piepsen der Geräte und dem Geruch von Desinfektionsmitteln beteten wir. Michaels Gebete waren nicht hoffnungslos oder anklagend. Sie waren dankbar und voller Vertrauen. Ich war so tief bewegt von dieser Gottesbeziehung, die er und seine Frau hatten (und noch heute haben).

Das kommende Jahr war für die ganze Familie nicht einfach. Erst nach drei Monaten konnte Michael wieder laufen. Nach sechs Monaten mit beiden Augen sehen. Schmecken konnte er erst nach einem ganzen Jahr wieder! Stück für Stück kämpfte er sich dank seiner Frau und Gottes Beistand ins Leben zurück.

Rückblickend bezeichnet er den Unfall und den langen Weg, der folgte, dennoch nicht als Fluch. Das heißt nicht, dass er sich diesen Weg freiwillig ausgesucht hätte. Nein, doch es soll heißen, dass Gott nicht nur in so viel *Nicht-tragbarem* durchtrug, sondern auch aus so viel Unglück umso mehr Segen machte. Die Versicherungen kamen nicht nur für alle Umbauten ihres Hauses auf, sondern werden Michael auch für den Rest seines Lebens ausreichend finanziell tragen. Wodurch er nun Zeit hat, für andere Menschen da zu sein, die seine Gewissheit eines Glaubens durch Höhen und Tiefen noch nicht haben. Und so schlimm die Geschehnisse waren, der größte Segen, den er erfahren hat, ist, neu zu lernen und sich bewusst zu werden, was Dankbarkeit und Vertrauen auf Gott wirklich bedeuten. Es ist ein neues Level von Vertrauen, das sich frei davon macht, wie die Umstände gerade sind.

Das Vertrauen, dass Gott da ist und dass er trägt, egal, was ist – in guten und in schlechten Tagen. Und das Vertrauen, dass er einen Plan hat, selbst wenn Dinge nicht wie geplant verlaufen. Diese beiden Arten des Segens wollte Michael von da an weitergeben.

Ein Jahr verging und wir hatten vorerst keinen Kontakt mehr. Als ich meinem Glauben ein gewisses Fundament geben wollte, entschied ich mich, ein Jahr lang auf eine Bibelschule zu gehen. Normalerweise war es für mich kein Problem, für meine Vorhaben Geld zu erarbeiten, doch genau in diesem Jahr überkam Sachsen eine Jahrhundertflut. Die Gastronomie meiner Eltern war zerstört und mit ihr mein Arbeitsplatz, mit dem ich mir das Geld für die Bibelschule hätte verdienen können.

Ich nahm also alle möglichen Aushilfsjobs an, die ich kriegen konnte. Durch die besondere Situation schien das Geld aber nicht zu reichen und das Ende der Frist für die Überweisung der Studiengebühren für die Schule rückte näher. Ohne dass ich danach fragte oder darum bat, hatten Michael und Mirjam genau zu der Zeit von Gott den Eindruck bekommen, ihren finanziellen Segen mit mir zu teilen. Aus heiterem Himmel landete aus diesem Grund genau das fehlende Geld auf meinem Konto und ich konnte meine Glaubensreise beginnen.

Zwei weitere Male überraschten sie mich mit einem ähnlichen Segen, und zwar immer dann wenn ich trotz voller Stelle in finanzieller Not war. Es war fast schon gespenstisch, wie punktgenau immer dann Gott mich *plötzlich* versorgte. Dabei bat ich nie um Geld und arbeitete teilweise mehr als andere Studenten als Kellnerin. Ich weiß ganz genau, dass ich heute nicht dort stehen würde, wo ich bin, wenn diese Familie mir nicht an entscheidender Stelle zur Hilfe gekommen wäre. Mein Glaubensleben, Gemeindeleben, meine Berufung, mein Studium und vieles mehr wurden entscheidend von der Begegnung mit dieser Familie bestimmt.

Nach ihrer dritten finanziellen Unterstützung fiel mir auf, dass ich davon nur die Hälfte brauchte, um die unerwartete Rechnung zu bezahlen. Also entschloss ich mich, die andere Hälfte auch zu einem Segen werden zu lassen und sie weiterzugeben. Somit bezahlte ich anonym für zwei Freunde ihre Teilnahme an einer christlichen Jugendfreizeit. Ohne diese Tickets hätten sie nicht dabei sein können.

Die eine Freundin war 15 Jahre alt und in meiner Jugendgruppe. Wir hatten eine unglaublich gesegnete Zeit vor Ort und sie erlebte Jesus das erste Mal so stark, dass sie sich entschied, von da an ihr Leben nach ihm auszurichten und ihm immer näherzukommen. Bis heute liebt und lebt sie eine lebendige Gottesbeziehung, war jahrelang Jugendleiterin und segnet nun mit verschiedenen Freiwilligendiensten und ihrer Liebe zu Jesus andere, die Gott noch nicht so gut kennen.

In unserer letzten Unterhaltung war nämlich genau das immer noch ihr Lebensziel: Andere zu dieser Hoffnung zu führen! Und ich bin sehr gespannt, davon zu hören, wie viele Menschen durch sie so sehr gesegnet wurden, dass auch sie diesen Segen weitergeben wollen. Auch wenn der ursprüngliche Segen inzwischen sehr verschiedene Formen angenommen hat, er lebt weiter wie ein lebendiger Kreislauf des Weitergebens. Ein Weitersegnen.

Rückblickend ist es schon verrückt, wenn man sich überlegt, wo diese Segenslinie anfing und wie weit sie reichte beziehungsweise noch immer reicht und sich weiter ausbreitet. Hätte ich damals nicht diese Fähre verlassen, hätte sie vielleicht nie begonnen.

Was ich daraus gelernt habe: Es lohnt sich, Gottes Stimme zu vertrauen. Nicht weil uns sonst etwas Schlimmes passieren muss, wenn wir es nicht tun, sondern vielmehr weil wir dadurch vielleicht ein großes Abenteuer verpassen, das Gott eigentlich mit uns vorhat.

Manchmal ist es ein kleiner Schritt ins Unbekannte, durch den Gott eine Kette des Segens auslöst, dessen Ausmaß wir uns noch gar nicht vorstellen können. Wir müssen ihn einfach nur gehen.

Michal Schacht

Foto: © privat

Michal Schacht (geb. 1993 in Ulm) lebt gemeinsam mit ihrem Traum(!)mann Christopher Schacht *(Mit 50 Euro um die Welt)* in der Nähe von Frankfurt. Nach ihrer Zeit in Schweden auf einer Bibelschule studierte sie erst Innenarchitektur (B.A.) und später Architektur (B.Eng.). Während ihres Studiums verbrachte sie ein Jahr in Rom. Sie arbeitet heute im Bereich Architektur bei der christlichen Hilfsorganisation *Liebe in Aktion*. 2018 wurde sie zusammen mit ihrem Mann Teil des Gründungs-teams der *Ecclesia* Frankfurt, wo sie beide bis heute sehr aktiv sind. Michal und Christopher erwarten im November 2021 ihr erstes

Kind und planen, mit diesem gemeinsam auf Reisen zu gehen. Auf dem YouTube-Kanal *Life Lion* teilen sie mit einigen Freunden Geschichten und Erlebnisse mit Gott und weitere Abenteuer im Glauben.

Segen für mein Kind

Mein liebes Kind,
ich bete, dass Gott dich auf allen deinen Wegen
mit seiner Güte und Gegenwart begleitet.
Dass du seine Nähe spürst und findest,
egal, wohin dich deine Füße tragen.
Dass seine Stimme und sein Wort
dein Maßstab und Wegweiser werden.
Dass du Großes bewirkst
durch Vertrauen und Demut vor Gott.
Dass er dich bewahrt und leitet.
Und dass du zum Segensbringer wirst
für die Großen dieser Welt
und für die Ungesehenen der Gesellschaft.
Möge sein Licht durch dich scheinen
und seine unbegreifliche Liebe
durch dich für andere sichtbar werden.
Möge er dich mit Kühnheit und Mut ausrüsten,
dass du entscheidende Schritte gehen wirst.
Gott segne dich und all deine Wege und Wegbegleiter,
die noch vor dir liegen.

Amen

Michal Schacht

Gottes Segen macht reich – Sprüche 10,22

Wie schön ist es, nicht immer reden zu müssen, nicht jede Pause, jedes Stillschweigen peinlich berührt mit Verlegenheitsworten füllen zu müssen. Gemeinsam auch schweigen zu können, hat eine große Qualität. Mit wem kann ich das? Wortlose Nähe spüren.

Worte können trösten, sie können Mut machen, sie können zum Lachen bringen, Erinnerungen wecken, Verbundenheit zeigen. Aber es gibt Momente, da fehlen mir die richtigen Worte. Da weiß ich nicht, was ich sagen soll. Da klingt jedes Wort, das mir einfällt, dumm und einfältig in meinen Ohren. Da versuche ich mit Macht, klug zu klingen, und muss mir doch eingestehen, es nicht zu sein.

Da gibt es nur drei Worte, die ich sagen kann: „Gott segne dich." Denn in diesen drei Worten ist alles enthalten, was gesagt werden kann. Gottes Segen macht reich. Gottes Segen findet Worte des Trostes. Gottes Segen macht mutig. Gottes Segen lässt dich vor Freude platzen. Gottes Segen lässt dich spüren, wo du wirklich herkommst. Gottes Segen sagt dir zu: „Ich bin da für dich."

Und es gibt nichts, was du oder ich aus eigener Kraft dem hinzufügen könnten.

Julia Fiedler

Pommes essen
und Gutes sagen

„Einen *McChicken Classic* und einen *McRib* mit Pommes und Fanta, bitte."

Ich fahre mit meinem VW-Bus zum Schalter und nehme die braune Tüte und die Getränke in Empfang. Es ist ein sonniger Tag im November 2020 und ich bin auf dem Weg zum Diakoniehospiz im brandenburgischen Woltersdorf.

Dort absolviere ich den ersten Block meiner Klinischen Seelsorgeausbildung. Die sechswöchige Ausbildung ist Teil meines Vikariats, also meines Anfangsdienstes als Pastorin. Der Kurs beinhaltet zum einen eine intensive Auseinandersetzung mit der eigenen Seele und zum anderen seelsorgerliche Erfahrungen in den Praxisfeldern Klinik, Seniorenheim und Hospiz.

Ich fahre also mit Burgern und Pommes zurück ins Hospiz. Es ist mein dritter Besuch bei Frau Reimann. Die erste Begegnung hatte sich spontan bei meinem ersten Rundgang im Hospiz ergeben. Eine unfassbar freundliche Mitarbeiterin des Hauses, Frau Odening, hat mir die Einrichtung gezeigt. Wir kamen gerade aus dem Raum der Stille, der das Zentrum des Hauses bildet. Ein kleiner Raum. Ein Kreuz. Und in goldenen Buchstaben der Vers: „Gott hat uns nicht gegeben den Geist der Furcht. Sondern den Geist der Kraft, der Liebe und der Besonnenheit" (2. Timotheus 1,7 LU 2017).

Im Flur vor einem Aquarell stand Frau Reimann mit einer Pflegerin. Beide Frauen wirkten gelöst, während sie das Bild betrachteten. Wir wurden einander vorgestellt. Es fühlt sich nach wie vor komisch an, als Pastorin vorgestellt zu werden. So ein bisschen wie als Kind, wenn man sich als Erwachsene verkleidet hat und „die Großen" extra überkandidelt mit einem sprechen. Hier bin ich zwar keine „Kleine" mehr, aber neben den „großen" Fragen von Leben und Tod fühlt sich Frau Pastorin dennoch recht unzulänglich.

Frau Reimann wirkte zierlich, aber erstaunlich fit. Eine Frau mit Kraft, Liebe und Besonnenheit inklusive *Berliner Schnauze* und perfekt sitzender Frisur. Das Letzte, worauf sie Lust hatte, war ein künstlich herbeigeführtes ernstes Gespräch. Dennoch wurde ich, die Pastorin, herzlich in ihr Zimmer eingeladen. Frau Reimann zeigte mir das Bild, an dem sie selbst gerade malte. Eine Wald-und-Wiesen-Szene. Eher etwas düster, aber mit einem Stich Gelb. Das Zimmer war dafür schön hell.

Ich erfuhr, dass das Hospizgebäude so angelegt ist, dass alle Gästezimmer zu unterschiedlichen Tageszeiten direkten Lichteinfall haben. Wir begannen uns zu unterhalten. Über Nagellack und Klatschzeitschriften, über ihren geliebten

Garten und das Haus, in dem ihre Tochter jetzt mit ihrer Familie lebt. Natürlich auch über Corona und das Wetter.

Zu unserem ersten Abschied schenkte mir Frau Reimann einen „Pflaume in Madeira"-Schokotaler. Auf dem ersten Weg nach Hause kamen mir die Tränen, nicht vor Trauer, sondern aus Dankbarkeit für diese Begegnung.

Als ich nun mit der McDonald's-Tüte erneut in der Tür stehe, habe ich das Gefühl, als ob wir uns schon eine kleine Ewigkeit lang kennen würden. Ich hatte die Tage zuvor erwähnt, dass es abends im Kurs Burger geben würde, worauf mir Frau Reimann von ihrem Faible für den *McRib* berichtete. Ich bot ihr an, dass ich gern vor unserem nächsten Treffen zu McDonald's fahren könnte. Es folgte ein begeistertes „Oh ja!" gefolgt von einem bescheidenen: „Aber das kann ich doch nicht von Ihnen verlangen."

Ich antwortete nur: „Oh, doch! Es ist mir ein Vergnügen."

Frau Reimann geht es heute allerdings sehr viel schlechter. Nachdem sie dennoch eine bequeme Position gefunden hat, gehen wir zu Pommes und Plauderei über. Wir reden viel.

Segen leitet sich vom lateinischen Verb *benedicere* ab und bedeutet auch „Gutes sagen". Und so sagt Frau Reimann viele gute Sachen. Sie erzählt stolz von ihrer jungen Enkelin, die fokussiert ihren eigenen Weg bei der Polizei geht. Wir reden über ihren eigenen, nicht immer leichten Weg. Wie sie schon als Teenager nach dem Tod ihrer Mutter eine enorme Verantwortung in der Familie übernahm. Wir lachen über den mysteriös verschwundenen Hamster ihrer Tochter. Kein Gespräch vergeht ohne Gedanken an sie.

Sie berichtet mir von der Wende. Von Vorurteilen in Ost und West. Ich bin tief beeindruckt, wie sie ihre Karriere von einer einfachen Angestellten hin in eine Leitungsposition bis hin zur Selbstständigkeit gemeistert hat. Wer arbeiten kann, der kann auch tanzen. Wir plaudern ein wenig über die Vorzüge des Nachtlebens. Und wir sind uns einig, wenn es eine Sache gibt, die wir beide nicht ausstehen können, dann ist es Geiz.

Nicht der Geiz, aber der Prunk der Kirche war es, der ihr bei einer Reise nach Rom begegnete und sie damals endgültig zum Austritt bewegt hatte. Ich kann ihr nur zustimmen. Sie fragt mich nach meinem Glauben, Gott und meiner Geschichte. Wir teilen die Enttäuschung über abgeschlossene Kirchen. Dabei glaube ich an einen offenen Himmel.

Manchmal halten wir einige Momente vor dem Tod aus. Tränen kündigen sich an. Sofort springen wir zurück zum Thema Stricken. Zurück zum Leben. Zurück zu einem selbst gemachten Pullover, den es noch zu verschenken gilt. Sie empfiehlt mir dringend, Ofenhähnchen im Malzbierbad auszuprobieren.

Und Frau Reimann rät mir noch was: „Hören Sie immer auf Ihr Bauchgefühl! Und lassen Sie sich von niemandem in Ihr Leben reinreden." Dabei geht es ihr nicht um Beratungsresistenz, sondern vielmehr darum, mutig eigene Entscheidungen zu fällen. *Benedicere*. Gutes sagen. Segen sein. Pommes essen (zwischen Leben und Tod). Danke, Frau Reimann, dass Sie mir zum Segen geworden sind.

Mira Ungewitter

Mira Ungewitter, geboren 1985 in Köln, ist Pastorin der projekt:gemeinde in Wien. Sie studierte Theologie an der Universität Bonn und an der Theologischen Hochschule Elstal. Als Pastorin träumt sie von einer Kirche, in der Platz für unbequeme Fragen, Zweifel und revolutionäre Ideen ist. Wenn sie nicht predigt oder für ihre Gemeinde Altglas wegbringt, schreibt sie an ihrer Doktorarbeit, steht hinter der Theke ihrer Pop-up-Bar oder fährt mit Bulli „Karlchen" zum Surfen.

Segen zum Sterben

_____ , Gott hat dich geschaffen als sein Ebenbild.
Er hat dich bei deinem Namen gerufen,
von allem Anfang an:
Du mein geliebter Sohn, meine geliebte Tochter!
Er hat dich in seine Hand geschrieben,
hat dich im Schatten seiner Flügel geborgen.

(evtl. Kreuzzeichen auf die Stirn)

Auf all deinen Wegen war er an deiner Seite,
auf den frohen und den traurigen,
den schönen und den schweren.

Was du gedacht und getan hast,
geglaubt und erhofft,
was dir geglückt oder misslungen ist,
die Liebe, die du verschenkt hast
und die Schuld, die du auf dich geladen hast,
sei aufgehoben im großen Buch des Lebens,
in der liebenden Hand Gottes!

(evtl. umfassen beider Hände)

Er sagt dir:
Ich will mein Angesicht nicht vor dir verbergen.
Du weißt, dass ich dir gehöre,
und ich weiß, dass du mir gehörst.
Du gehörst zu mir.

Guido Hügen, OSB

Im Auge des Tornados

Draußen tobt der alltägliche Wahnsinn im Sturm der Zeit, aber im Auge des Tornados ist es still. In dieses Auge kommen Besucher nur schwer hinein. Die Patienten der Corona-Station warten in ihrer Isolation, bis die Zeit vergeht.

Wohlmeinende fragen mich: „Was machst du dort als Seelsorger? Denk an deine Gesundheit!"

Ich begleite zum Beispiel über Wochen eine gläubige Katholikin. Jeden Tag singe ich ihr eine Strophe eines Adventsliedes vor, weil sie es selbst nicht mehr kann. Jeden Tag wird sie schwächer. Sie stirbt. Minuten nach ihrem Tod bin ich allein mit ihr im Zimmer. Sie atmet nicht mehr, ist aber noch warm. Wenn der Hirntod zuletzt kommt, kann sie mich wahrscheinlich noch hören. Im Isolierzimmer war es immer schon still, aber jetzt ist Totenstille im Auge des Tornados.

Zwischen letztem Atemzug und Corona-Hygiene mit viel Desinfektionsmittel existiert ein schmales Zeitfenster, das dem Pastor niemand streitig macht. Wer kann, flieht freiwillig aus dem Zimmer. Danach wird begonnen, den Raum zu säubern.

Ein letztes Mal singe ich für sie ein Lied.

Ich finde so schnell kein echtes Salböl und nehme eine Salbe, die noch im Zimmer liegt. Weder Öl noch Pastor sind vom Bischof geweiht und darum im römischen Sinne nicht ganz echt. Ihr war es aber schon seit Wochen zu viel, extra einen katholischen Priester rufen zu lassen.

Im Auge des Tornados sehe ich auch meine eigene Geschichte. Meine Eltern waren Apotheker und hätten sich vermutlich für den pharmazeutischen Nutzen dieser Salbe interessiert. Jetzt sind nur noch Ritus und Symbol wichtig. Denn eines weiß sowohl sie als auch ich: Das Kreuz ist Symbol für Niederlage und Sieg über den Tod zugleich, und es ist unser Zeichen bei der Segnung. Schlicht protestantisch und naturwissenschaftlich ignorant zeichne ich mit einer Salbe gegen irgendwas ein Kreuz auf ihre Stirn. Ich denke an die Frau, die in Markus 14 Jesus noch kurz vor seinem Tod etwas Gutes getan und ihn jetzt oder nie mit kostbarem Nardenöl gesalbt hat. Solche Zeitfenster sind einmalig.

Zwischen Kreuz und Ostermorgen gab es noch ein Auge des Tornados. Draußen war Sabbat, hinter dem Stein war Grabesstille. Die Auferstehung Jesu konnte niemand beobachten. Die Frauen standen am Ostermorgen vor vollendeten Tatsachen und fürchteten sich. Sie sahen nur ein leeres Grab.

Ein Engel half, dies zu deuten: „Er ist nicht hier. Er ist auferstanden."

Gott hat im Verborgenen gehandelt. Wer sonst hätte Macht über Leben und Tod. Im Auge des Tornados war

Wichtiges geschehen, das feste Hoffnung auf ein Danach gab und gibt. Was suche ich also als Seelsorger im Auge des Tornados? Gegenfrage: Wo sonst gibt es einen angemesseneren Ort für Christen?

Als ich von Simone und Julia gebeten wurde, etwas für dieses Buch zu schreiben, fiel mir auf, wie sehr der Segen bestimmend dafür gewesen ist, dass ich immer eine starke Neigung zur Seelsorge an alten und kranken Menschen verspürte. Es hat aber dennoch 30 Jahre gedauert, bis ich nach einer langen Zeit als Gemeindepfarrer wieder in der Krankenhausseelsorge gelandet bin. Back to the roots.

Während meiner Seelsorgeausbildung im Vikarskurs gab es eine Begegnung, die mich nachhaltig geprägt hat. Die Patienten im Soester Krankenhaus waren nur für drei Wochen geliehen. Es war damals schon ein bisschen größenwahnsinnig von mir, praktisch ohne Erfahrung in ein Zimmer zu spazieren, in dem ein Patient lag, der nach einem frischen Schlaganfall seine Sprache verloren hatte.

Er war Architekt, hatte zuvor mitten im Leben gestanden und musste mir nun mithilfe einer Schreibmaschine am Bett mühselig seine Gedanken *erzählen*. Er wurde ungeduldig, das Schreiben dauerte so lange, er ärgerte sich über Tippfehler und die ganze Situation. Wütend riss er die Zettel aus der Maschine, zerknüllte sie und fing bitterlich an zu weinen. Ich war gescheitert oder besser: Wir waren gescheitert. Ich verließ verstört den Raum, weil ich alles nur schlimmer gemacht hatte. Statt Trost und Anteilnahme hatte ich ihm seine Behinderung nur noch deutlicher vor Augen geführt.

Aber ich gab nicht auf. Kurzfristiges Scheitern schien mir erlaubt, einen Menschen aufzugeben jedoch nicht. Ich kam ein paar Tage später wieder, und wir hielten die Situation aus, ohne zu viel zu sagen oder zu schreiben. Bevor die drei Wochen um waren, verabschiedete ich mich und sagte, dass ich nicht mehr kommen könnte. Und dann geschah das Unglaubliche. Der Mann winkte mich näher zu sich und legte beide Hände auf meinen Kopf. Ich war tief bewegt. Hatte er mich zu diesem Dienst ordiniert und berufen, bevor ich nach großen Mühen mein Examen ablegte und kirchlich offiziell ordiniert worden bin? Seinen Nachnamen weiß ich noch, wie es ihm heute geht und ob er noch lebt, nicht.

Natürlich ist Gott der Ursprung des Segens, aber ist es nicht auch der Segen dieses Mannes, dass ich heute tun darf, was ich tue?

„Ich will dich segnen, und du sollst ein Segen sein" (1. Mose 12,2).

Dirk Küsgen

Dirk Küsgen, geboren 1962, in der Kinder- und Jugendarbeit seiner Bottroper Heimatgemeinde zum Glauben gekommen, entdeckte er 1987–1990 als Vikar seine Neigung zur Seelsorge an älteren und kranken Menschen, bereits 1990–1992 Altenheimseelsorger *auf* Schalke, von 1992–2016 Gemeindepfarrer in Gevelsberg, seit 2016 Krankenhausseelsorger in Schwelm. Er ist glücklich verheiratet mit Henrike, die Grundschullehrerin ist.

Segen für Trauernde

Gott segne euch, die ihr um _____ trauert.
Er schenke euch Kraft, die Leere auszuhalten,
die Trauer zu durchleben,
den Verlust zu ertragen,
offene Fragen stehen zu lassen.
Er segne eure Liebe zueinander
und begleite euch auf dem Weg, der vor euch liegt,
auf dem Weg in die Zukunft bis zur Freude der
Auferstehung.

Guido Hügen, OSB

Warum es nicht selbst wagen?

Als ich anfing,

Menschen zu segnen

Nachdem ich begonnen hatte, mich mit dem Thema Segen zu befassen, hat es noch einige Zeit gedauert, bis ich mich getraut habe, diesen Segen auch anderen Menschen weiterzugeben und damit selbst zur Segnenden zu werden, die für andere Menschen Gottes Nähe konkret erfahrbar macht.

Eigentlich ist Corona schuld daran, dass ich mich schließlich doch getraut habe, genau das zu tun. Durch Corona musste ich meine sämtlichen Lesungen absagen und meine Ehrenämter auf Eis legen. Ich saß zu Hause und sinnierte darüber nach, was im Leben wirklich zählt und was in einer Situation wie dieser, was im größten Chaos wichtig wäre. Und da war er wieder der Gedanke: *Gib das, was du selbst erfahren hast, weiter. Werde selbst zum Segen.*

Also betete ich: „Gott, wenn es dein Wille ist, dann will ich mich aufmachen, um *deinen* Segen weiterzugeben. Bitte zeig mir den Weg und führe mich zu den Menschen, die genau diesen Segen brauchen."

Wenn du nun denkst, na super, dann war ja alles klar. Jetzt muss Gott ihr nur noch die richtigen Menschen vor die Füße stellen, dann muss ich dich enttäuschen. Es kostete mich unendlich viel Überwindung, Menschen anzusprechen und ihnen zu sagen, dass ich sie gerne segnen möchte. Ich fand das unglaublich schwer und hatte große Angst davor, übergriffig zu wirken. Seien wir ehrlich, beim Nachbarn zu klingeln und zu fragen, darf ich dir eine Bibel schenken, ist schon eine Herausforderung. Und wie viele werden denken: *Ui, geht es auch eine Runde kleiner? Ich meine, eine Postkarte oder ein Sprüchekalender sind doch auch hübsch und können auch ein schöner Anfang sein.*

Aber zu fragen, darf ich meine Hand auf dich legen und dich segnen, dafür musste ich echt all meinen Mut zusammensuchen. Würde ich mich damit nicht komplett unmöglich machen? Was, wenn der Mensch, den ich segnen wollte, mit meinen Worten gar nichts anfangen konnte?

Dieses Denken versuchte ich Stück für Stück abzulegen, indem ich mir selbst sagte, dass es schließlich Gottes Segen ist, den ich jemandem zuspreche, nicht meiner. Ich stehe da nicht allein. Er wird mir die Kraft, die Souveränität und die nötigen Worte schenken.

Ich spüre den Impuls, wenn ich einen Menschen segnen soll, manchmal schon Tage vorher. Wie das zustande kommt, weiß ich nicht. Aber ich bin mir sicher, dass Gott dann zu mir spricht. Er legt mir einen bestimmten Menschen ans Herz und möchte, dass ich ihn segne.

So begann meine Segensreise. Eine Reise bei der ich selbst erfahren darf, wie gut es Gott mit mir meint. Er macht mich zu einem Menschen, der seine Liebe weiterschenken kann. Ich bin so dankbar, dass ich über meinen Schatten gesprungen bin, und ich bin dankbar, dass ich selbst im Segnen einen so wunderbaren Segen empfangen durfte.

Simone Heintze

Limburg an der Lahn

Ich war auf dem Weg nach Limburg an der Lahn zu meiner guten Freundin Susanne, die mit mir in der Friesenkapelle in Wenningstedt war, als mir der Segen zugesprochen wurde. Susanne ist etwas älter als ich, hat zwei erwachsene Kinder und hat, genau wie ich, eine Brustkrebserkrankung überstanden. Ich mag an ihr ganz besonders ihre ruhige und besonnene Art. Manchmal bin ich zu hektisch und da tut es mir gut, einen ruhigen Menschen an meiner Seite zu haben.

Wir haben uns zwei Jahre zuvor in der Reha kennengelernt. Dort waren wir eine tolle Mädelstruppe, sechs Frauen, die sich auf Anhieb mochten und richtig gut verstanden haben. Seitdem treffen wir uns jedes Jahr im Februar für eine Woche auf Sylt zur kurzen Aufbau-Reha. Diese Zeit ist uns allen wichtig, als kleines Stoppschild, um uns aus dem Alltag heraus immer wieder an die wirklich wichtigen Dinge zu erinnern: sich Zeit zu nehmen für das Leben!

Doch nun war Juli und ich würde ein paar Tage bei Susanne ganz alleine verweilen, mir die schöne Umgebung ansehen und mit ihr in Ruhe quatschen. Ich war erstaunt, wie leer es in der Bahn war. Wir hatten Corona und viele waren vorsichtig. Eigentlich gerade perfekt für mich. Mit mir saßen nur zwei weitere Menschen mit viel Abstand im Großraumabteil. Sehr entspannend. Am Bahnhof wartete Susanne schon auf mich. Wir umarmten uns nicht, aber strahlten uns durch unsere Masken hindurch an.

Die nächsten Tage machten wir zu zweit Fahrradtouren an der Lahn entlang, lange Spaziergänge und wir besuchten Uwe in Bad Homburg, der auch mit uns in der Reha war. Es war so schön, mal wieder ganz richtig Menschen vor mir zu haben, nicht nur am Telefon oder PC.

Ich genoss unser Beisammensein, das leckere Eis und abends die guten Gespräche bei Susi auf der Couch. Eine Nacht noch, dann würde es für mich weitergehen nach Stuttgart zu meiner Mama und von dort aus als Freizeitbegleiterin des Bibellesebundes nach Kroatien. Die Zeit bei Susi hatte mir so gutgetan. Ich wollte eigentlich noch gar nicht weiterreisen.

Am nächsten Morgen überlegte ich beim Frühstück, wie ich Susi etwas Gutes tun könnte. Da hörte ich diese leise Stimme in mir: „Segne sie."

„Nein, Gott, das geht nicht! Das traue ich mich nicht. Was soll Susi denn von mir denken, wenn ich jetzt einfach aufstehe und sie segnen möchte?"

Bei aller Liebe, das musste Gott doch verstehen. Ich wartete auf einen machbareren Vorschlag, als ich wieder diese leise Stimme hörte: „Segne Sie."

„Ich kann aber nicht einfach jemanden segnen!"

„Doch, segne Sie!"

„Ich trau mich nicht. Ich kann das nicht."

„Jetzt müssen wir aber wirklich los", meinte Susanne, „sonst verpasst du noch den Zug."

„Äh, Susi, darf ich dich segnen?", hörte ich mich plötzlich sagen. Mein Puls raste auf mindestens 180. Oh Mann, ich war so peinlich.

Susi schaute mich fragend an.

„Das ist überhaupt nichts Schlimmes, ich möchte dich einfach segnen, für alles, was du für mich getan hast", kam es leise aus meinem Mund.

„Ja, gut. Ist in Ordnung", antwortete Susi.

Also stand ich auf, legte meine Hände auf ihren Kopf und begann: „Der Herr segne dich, er segne dein Tun und dein Handeln und vor allem dich. Er segne deine Kinder und die Verantwortung, die du für sie trägst. Er segne deine Tochter, die eine neue Arbeitsstelle und einige Herausforderungen hat. Er segne deine Gesundheit und die damit zusammenhängenden Sorgen. Er segne dich, wenn die Ängste dich überschatten, und gebe dir den Mut, alles immer wieder an ihn abzugeben. Er segne dein Haus und alle Entscheidungen, die du zu treffen hast. Er segne den Rentenantrag, dass du nicht an deine alte Arbeitsstelle zurückmusst. Gott möge seinen schützenden Segen reichlich über dich ausgießen."

Nachdem ich das gesagt hatte, nahm ich vorsichtig meine Hände von Susis Kopf.

Sie blickte mich an und meinte: „Na, dann komm mal, dein Zug wartet nicht. Ich fahr dich schnell zum Bahnhof."

Später, als ich im Zug saß, machte ich mir Vorwürfe, dass ich einfach so einen Segen ausgesprochen hatte, obwohl Susi gar nicht wusste, was sie damit anfangen sollte, und mich nicht darum gebeten hatte. Wie konnte ich nur so dumm sein und auf diese innere Stimme hören.

Eine halbe Stunde später kam eine WhatsApp-Nachricht bei mir an – von Susi. Sie schrieb, dass der Segen das Beste war, dass ihr in den letzten Wochen und Monaten widerfahren wäre. Sie fühlte sich innerlich jetzt so ruhig und gelassen, weil ich diesen Segen über ihr ausgesprochen hätte, und sie wüsste jetzt, dass Gott an ihrer Seite ist. Sie bedankte sich ganz herzlich, dass ich ihr diesen Segen geschenkt hatte.

„Nun gut, du innere Stimme. Was auch immer du von mir willst. Danke dir, Gott!"

Simone Heintze

Pflaumenkuchen
mit Sahne

Die Hitze des Sommers schwindet langsam und die Abende werden wieder kühl. Der Herbst naht in großen Schritten. Ich liebe den Herbst, die Sonne hat dann ein ganz eigenes Strahlen und der Himmel ein besonders intensives Blau. Die bunten Blätter im Wald, daran kann ich mich nie sattsehen.

Doch seit ein paar Tagen geht es mir trotz goldenem Herbst nicht gut. Ich kann die Farben um mich herum gar nicht richtig wahrnehmen, denn in mir drin ist alles grau. Ich fühle mich leer und überflüssig. Irgendwo da draußen mag ja prachtvoller Herbst sein, mir hingegen ist, als würde eine dicke graue Wolke nach der anderen mich einwickeln und mit einem noch graueren Grau übergießen. Da goldet gerade wirklich gar nichts mehr.

Ich kenne diese Phasen. Sie sind gemein und anstrengend. Ich möchte mich zwar dagegenstemmen, die dicken Wolken wegschieben, mir etwas Gutes tun, kann mich aber zu nichts motivieren. Ganz im Gegenteil, meine Gedanken machen sich ganz selbstständig auf und schweben in noch düsterere Gefilde. Alle Zeitungen und Nachrichtensendungen prophezeien es, die schlimmste Zeit kommt erst noch, Winter mit Corona, gar keine gute Kombi.

Doch Angst ist immer ein mieser Ratgeber. Das weiß ich nur zu gut, kann mich aber trotzdem manchmal nicht dagegen wehren. Meine ganzen Lesungen und Veranstaltungen, die für den Herbst geplant sind, werde ich wohl alle absagen müssen. Das tut mir sehr weh, weil ich es liebe, unter Menschen zu sein, Menschen ermutigen zu dürfen mit meiner Lebensgeschichte.

Nun bin ich es eher, die Ermutigung braucht. Zu all den dunklen Gedanken kommt Ende des Monats auch noch der Nachsorgetermin in der Onkologie – noch so ein dicker Angstmacher. Ich sitze vor meinem Fenster und starre nach draußen. Alles trübe und grau.

Nur mein Maisfeld glänzt in sattem Grün. Nie im Leben hätte ich gedacht, dass ich irgendwann einmal in Herne wohnen würde. Doch genau das tue ich und mal abgesehen von den dunklen Wolken in meinem Gemüt mag ich es hier. Aus meiner Wohnung blicke ich auf Mais-, Erdbeer- und Bohnenfelder. In Blickweite ist ein Bauernhof, auf dem es Hühner gibt, bei denen ich mindestens einmal am Tag vorbeispaziere. Da hole ich mir immer wieder frische Eier.

Meine Nachbarn sind klasse. In der Corona-Zeit habe ich sie alle kennengelernt. Alles so liebe Menschen. Immer mal wieder habe ich kleine Gespräche am Gartenzaun, vor der Haustür oder in meinem Strandkorb geführt. Ein Segen war das, um in dieser Zeit nicht verrückt zu werden. Wenn ich so erzähle, wie idyllisch es um mich herum ist, mag mir immer niemand glauben, dass ich mitten im Ruhrgebiet wohne. Aber genauso ist es.

Nur eben gerade jetzt fühlt es sich nicht so an. Der Regen tropft am Fenster entlang, kein Mensch ist draußen. Hat doch eh alles keinen Sinn!

Kein Mensch interessiert sich für dich! Du bist so überflüssig wie ein Kropf! Du bist so krank, mit dir kann man nichts mehr anfangen, flüstern die grauen Wolken mir zu.

Mein Handy piepst, eine WhatsApp-Nachricht von Bea. Bea ist die Schwester einer guten Freundin von mir. Ich habe von Bea bestimmt schon ein halbes Jahr nichts mehr gehört.

„Hallo, Simone, meine Pflaumenbäume hängen voller leckerer Pflaumen. Magst du vorbeikommen und welche pflücken?"

Meine Geschmacksnerven springen sofort an. Pflaumenkuchen mit Sahne – meine never ending love story. Ich liebe Pflaumenkuchen. Aber bei den Pflaumen wird es bestimmt Heerscharen an Wespen geben. Mit Wespen stehe ich auf Kriegsfuß, so richtig auf Kriegsfuß. Ich bin allergisch gegen Wespenstiche. Schon sinkt meine Pflaumenpflücklaune.

Außerdem ist da die Anfahrt; ich bin bestimmt eine halbe Stunde unterwegs, bis ich bei Bea auf dem Land bin. Sicher, da ist es schön, aber ich kann mich gerade nicht aufraffen. Ade, du leckerer Pflaumenkuchen. Da fällt mir ein: Bei Regenwetter fliegen keine Wespen! Der perfekte Tag, um Pflaumen zu ernten. Also mache ich mich auf den Weg.

Es regnet noch immer, als ich mit Gummistiefeln und Regenjacke vor den Pflaumenbäumen stehe. Beim Pflücken läuft mir das Regenwasser in den Ärmel und jedes Mal wenn ich den Kopf hebe, werde ich neu mit Landregen geduscht. Egal. Ich will Pflaumen. Eine nach der anderen wandert in meinem Korb. Von Wespen keine Spur. Und, oh Wunder, meine dunklen Gedanken verziehen sich. Glücklich mache ich mich auf den Weg zu Bea, um ihr meine Ausbeute zeigen.

Bea hat es nicht immer leicht. Sie wohnt in einem tollen Haus auf dem Land, muss sich allerdings auch alleine um alles kümmern. Sie hat einen großen Garten, Schafe, Hunde und Katzen und einen Vollzeitjob in der Firma ihres Vaters. Der Job macht sie nicht wirklich glücklich, ihre Tiere schon. Dennoch ist ihr manchmal alles zu viel. Das kann ich so gut verstehen.

Mit meinem vollen Pflaumeneimer darf ich bei Bea noch einen Tee trinken. Sie erzählt, dass sie in den letzten Monaten eine große Operation hatte und dass es schwer war, ihre Abwesenheit mit den Tieren zu organisieren. Aber ohne Tiere möchte sie auch nicht sein!

Hey, Gott, ich glaube, ich bin hier heute nicht der Pflaumen wegen hergekommen, sondern ich sollte bei Bea vorbeifahren, um ihr einen Segen zuzusprechen. Ist es nicht so? Schmunzelnd frage ich Gott in Gedanken: *Hast du mir die Pflaumen als Köder ausgelegt, um mich hierherzubringen?*

Ohne groß nachzudenken – ich habe es ja nun schon ein paarmal gemacht –, spreche ich es auch schon aus: „Bea, darf ich dich segnen?"

Bea schaut mich erstaunt an. Sie schluckt, schaut mich wieder an und meint: „Ich glaube schon, ich bin evangelisch, du bist evangelisch, du darfst mich gerne segnen."

Ich möchte noch sagen, dass es Gott herzlich egal ist, ob wir evangelisch oder katholisch sind, aber das verkneife ich mir. Ich stehe auf und lege meine Hand auf Beas Schulter, schließe meinen Augen und spreche ihr Gottes Segen zu. Einen Segen, der sie unter Gottes Schutz stellt, der sie im Job und zu Hause tragen möge. Einen Segen für Kraft, Mut und Zuversicht und der Gewissheit, dass Gott immer an ihrer Seite ist. Bea hat feuchte Augen, als ich sie wieder anblicke. Sie weiß noch nicht, wie sie das einschätzen soll.

Aber ich habe ja mittlerweile Erfahrung und weiß, dass Gottes Segen sich ausbreiten wird. Es wird ein bisschen dauern, bis das ganze Ausmaß in ihrem Herzen angekommen ist, aber dann wird es ihr sehr guttun. Davon bin ich überzeugt. Und ich, ich habe Pflaumen eingeweckt, Pflaumenmus mit Amaretto gemacht und natürlich meinen heiß geliebten Pflaumenkuchen mit Sahne. Und danach waren die dunklen Wolken in meinem Gemüt endgültig verschwunden.

Es ist schon erstaunlich, was passiert, wenn wir uns auf Gottes Segen einlassen. Dieser Segen kommt tausendfach zurück!

Simone Heintze

Segen für Liebende

_____ und _____,
der gute und liebevolle Gott,
der euch geschaffen hat in seiner Liebe
und euch seine Liebe und
eure gegenseitige Liebe geschenkt hat,
segne euch.
Er lässt eure Herzen miteinander und füreinander schlagen,
er erwecke auf euren Lippen ein Liebeslied in eurer Sprache.
Er schenke euch Zeiten erfüllter Liebe.
Er stärke euch in Zeiten, da die Liebe nachzulassen droht.
Er selbst trage euch in den Zeiten der Sehnsucht.
Er lasse euch wachsen und reifen in der Liebe
und die Früchte eurer Liebe genießen.
Er selbst geht euren Weg mit euch!

Gott segne euch,
die ihr liebend miteinander auf dem Weg seid,
schenke euch Freude und Glück und behüte euch.

Findet bei ihm und beieinander die Geborgenheit,
die euch in guten und schweren Tagen des Lebens trägt.
Gott lasse sein Angesicht über euch leuchten,
damit ihr ihn seht und spürt
und mit seinen Augen der Liebe seht.
Er sei euch gnädig,
wenn ihr die Liebe nicht mehr spürt,
und wende sich euch zu,
damit die Liebe neu in euch leben kann.
Er schenke euch seinen Frieden,
damit ihr die Liebe und Zuversicht bewahrt
auf dem Weg durch euer Leben.

Guido Hügen, OSB

Der Hochzeitssegen

Mein Bruder Daniel heiratet – und es ist Corona.

Eigentlich war seine Hochzeit für Mai geplant, doch sie wird mehrfach verschoben. Endlich steht ein Termin Ende Juni fest. Aber die Kirche möchte die Trauung nicht im Gotteshaus durchführen. Zu gefährlich. Das verstehen wir alle, aber eine Trauung auf dem Sportplatz via Autokino, das wiederum möchten mein Bruder und seine Frau nicht.

Drei Wochen vor seiner Feier ruft er mich nervös an, fragt mich, ob ich mir vorstellen könnte, ihn und seine Frau Lisa zu trauen. Sie hätten einen Rosenpavillon an der Gaststätte angemietet, in der gefeiert werden soll, und dort wollten sie sich mit ihrem kleinen Sohn Paul in der Mitte trauen lassen. Ich bin völlig überrascht, aber gleichzeitig so sehr berührt, dass ich freudig zusage.

Dann beginnt das Überlegen. Wie mache ich das? Ich kann keine Trauung halten. Ich bin keine Pfarrerin.

„Ich werde dir helfen", höre ich die leise Stimme meines himmlischen Vaters. Und so ist es. Der Text kam mir wie zugeflogen. Ich würde keine Trauung im herkömmlichen Sinne machen, sondern eine Segnung. Ich würde einen ganz persönlichen Hochzeitssegen über sie sprechen für ihre Ehe, ihre Zukunft, ihr Familienleben.

Es war mir eine große Freude an ihrem Hochzeitstag Folgendes sagen zu dürfen:

Hier und heute, mit diesem Tag, macht ihr euch auf, um gemeinsam euren Eheweg zu gehen! Stellen wir uns diesen Weg einmal bildlich vor. Jetzt ist er schnurgerade. Leicht und easy setzt ihr einen Schritt vor den anderen, die Landschaft um euch ist traumhaft und eure Bewegungen auf dem Weg so anmutig und voller Freude auf die Zukunft, nichts kann euch aufhalten.

Doch wie aus dem Nichts kommt eine Kurve. Die Weitsicht ist weg, der Weg wird holprig und steinig. Ihr stolpert vorwärts. Ja, auch diese Wege gibt es. Das sind keine einfachen Wege. Plötzlich steht ihr vor einer Weggabelung, an der unbequeme Entscheidungen getroffen werden müssen. Das ist nicht leicht!

Aber wisst ihr, Tiefen und Hürden machen auch etwas ganz Besonderes mit euch. Sie bringen euch näher zusammen, sie lassen eure Liebe zueinander wachsen.

Stellt euch vor, ihr müsst euren gemeinsamen Eheweg nicht allein gehen, sondern da ist noch jemand mit euch unterwegs. Jemand, der euch beide sehr liebt, der möchte, dass ihr voller freudiger Erwartung während dieses gemeinsamen Lebens zusammen durch Höhen und Tiefen auf ihn zugeht. Wäre das nicht wunderbar?

Gott geht mit, wenn ihr das möchtet. Jeden einzelnen Tag, jede Stunde, jede Minute und jede Sekunde. Niemals seid ihr allein. Gott dürft ihr alles sagen. Es ist sein Versprechen, dass er immer bei euch ist. Es ist sein Segen, der immer bei euch ist. Diesen Segen möchte ich euch gerne zusprechen:

Gott der Herr segne euch.
Er segne eure Liebe, dass sie fantasievoll und lebendig bleibe.
Er segne eure Gespräche, die immer in liebevoller Erwartung geschehen
und nie mit Erwartungsdruck.
Er segne eure Wohnungstür, damit sie immer offen sei für die Menschen,
die euch wichtig sind und für die ihr wichtig seid.
Er segne eure Ehe, dass sie spannend bleibe
und dass ihr Spannungen gemeinsam aushalten könnt.
Er segne euer Glück, eure Erwartungen und eure Freude über jeden Tag,
den ihr zusammen euren Weg gehen werdet.
Eine Brücke möge euch immer mit Gott verbinden,
um Freude, Lachen, Hoffnung, Mut und Liebe tanken zu können.
Gott verbinde euch mit seiner Liebe,
um eure Liebe immer sichtbar zu machen!
Gottes Segen sei mit euch, immer!

Simone Heintze

Im Zweifelsfall „return to sender" – Lukas 10,5-6

Was ist, wenn ich jemanden segnen möchte, der das selbst aber vielleicht gar nicht will? Mache ich mich dann lächerlich, so wie der tanzende David in den Augen seiner Frau Michal?

Als Jesus in Lukas 10 die 70 Jünger aussendet, um quasi als Probelauf sich schon mal im Evangelisieren zu üben, gibt er ihnen folgenden Rat: „Wenn ihr in ein Haus kommt, sagt zuerst: ‚Friede sei mit diesem Haus.' Wenn dort jemand bereit ist, den Frieden zu empfangen, wird euer Friede auf ihm ruhen, andernfalls wird er zu euch zurückkehren."

Segen lässt sich nicht erzwingen, sagt Jesus. Das ist wie mit der Liebe, die ich nur geben, aber nicht einfordern kann, sonst endet das wie beim berühmten *Tanten-Kuss*, nach dem Nichte oder Neffe sich mit ekelverzerrter Miene Tantes Lippenstiftreste aus dem Gesicht wischen.

Gleichzeitig sagt Jesus aber, ihr müsst keine Angst haben zu segnen. Traut euch. Steht zu eurem Glauben, gebt den Menschen einen Gruß von mir weiter. Nehmt meinen

Frieden und tragt ihn in die Welt. Und wenn jemand diesen Segen nicht annehmen kann und möchte, dann werdet nicht traurig, wütend oder verzagt. Mein Segen ist nie vergebens. Im Zweifelsfall kehrt er ganz einfach zu euch zurück. Return to sender.

Julia Fiedler

Lächle, beautiful Mensch

Als Gott dich schuf, sah er dich liebevoll an,
gab dir seinen Segen und sagte:
Sehr gut gemacht.
Was für ein schönes Menschenkind!
Lass dir von all den Fehlern,
den Narben und dunklen Flecken,
die du an dir siehst,
nicht den Blick dafür verstellen,
dass sein Segen noch immer auf dir liegt
und er in dir immer nur sein wundervolles, einzigartiges
und unendlich geliebtes Kind sieht.
Er wünscht sich nichts mehr,
als dich lächeln zu sehen.

„Don't forget to smile! Ich liebe es, Menschen
zum Lächeln zu bringen."

Pater Sandesh Manuel

Nachwort an die Leser

Wir bedanken uns ganz herzlich bei allen, die den Mut hatten, uns ihre persönliche Segensgeschichte für dieses Buch zu schenken. Wir fühlen uns dadurch sehr beschenkt und gesegnet und waren überrascht über die große Offenheit, auf die wir mit unserem Projekt gestoßen sind. Vielen Dank auch an unsere Lektorin Ruth Harmsen und den Verlag Gerth Medien.

Wenn du eine eigene Segensgeschichte erlebt hast, egal, ob du gesegnet worden bist oder einem anderen Menschen einen persönlichen Segen zugesprochen hast, dann schreib uns gerne. Wir sind neugierig darauf, zu hören, welche Erfahrungen du gemacht und was du mit Gott erlebt hast.

Oder hast du selbst kleine Segenswünsche, die dir wichtig sind und die du gerne mit anderen teilen würdest? Dann lass uns diese auch bitte zukommen und wer weiß, vielleicht wird sogar ein zweites Buch aus dieser Sammlung. Wir sind auf Facebook und Instagram unter: *Ein Himmel voller Segen* zu finden. Wir freuen uns über jede Menge Beiträge mit dem Hashtag #einhimmelvollersegen.

Aber du kannst uns auch über E-Mail an die folgende Adresse schreiben:

Julia.fiedler@t-online.de
simone.heintze@web.de

PPS *(oder das zweite Nachwort an die Leser)*

Wie Seelsorge
zum Segen werden kann

Ältere Menschen und Sterbende verzetteln sich nicht in Nebensächlichkeiten, und die Fragen am Ende des Lebens berühren genau die beiden zentralen Aspekte des Neuen Testaments.

Was im kirchlich-dogmatischen Deutsch *die Rechtfertigung des Sünders* heißt, ist nicht mehr und nicht weniger als die Gabe, das eigene Leben mit allen Schwächen am Ende wohlwollend betrachten zu können, weil nicht wir uns selbst annehmen müssen, sondern weil Gott uns längst in Gnade angenommen hat. Diese Erkenntnis über Gottes Gnade ist ein großer Segen.

Was wir tun können, um Menschen bei ihrer letzten großen Lebensaufgabe zu helfen? Zuhören. Sie aus ihrem Leben erzählen lassen und nicht sagen: „Oma, das hast du schon hundertmal erzählt." Wir können helfen, Vergangenes zu deuten und Spuren Gottes auf dem Lebensweg zu vermuten. (Allwissend ist nur Gott!)

Selbstredend haben es die Menschen leichter, zu gehen, die an ein ewiges Leben glauben und davon Gutes erwarten. Im Rahmen der Debatte um die sogenannte Sterbehilfe haben wir die Hoffnung, zu betonen, dass wir nicht nur wovon ("Sie ist von ihren Schmerzen erlöst"), sondern wozu ("Dein Reich komme!") erlöst sind. Alles andere tröstet über den Moment hinweg, bleibt aber in Ewigkeit trostlos.

Christen sehen in den Leidenden den Menschen schlechthin, sie sehen ihren Herrn. Die Menschenwürde ist unantastbar, gerade für Leidende und Sterbende. Wir erwerben sie uns nicht selbst, sie ist uns von Gott verliehen. Gerade der Leidende ist Ebenbild Gottes, weil in ihm Christus verborgen ist (Matthäus 25, 37-40).

Dirk Küsgen

Am Ende des Lebens zählt tatsächlich nicht das große Auto, die Follower auf Instagram oder wie viele Computerspiele man siegreich beendet hat. Am Ende zählen die Menschen, die man liebt, die man seine Freunde, seine Familie nennen darf.

Philipp Mickenbecker hat am 01.02.2021 das Video veröffentlicht: "Das wären meine letzten Worte". In diesem Video erzählt er davon, dass er im Himmel alle seine Freunde wieder treffen möchte und deshalb Zeit und Liebe in die Freundschaften investiert, um sie für Jesus zu begeistern.

Philipp war noch einige Jahr zuvor der härteste Religionskritiker, aber dann hat er Jesus sein Herz geöffnet und wurde der größte Jesusinfluenzer.

Seine große Motivation: Menschen, denen er begegnete, die er kennenlernen durfte, für Jesus zu begeistern. Selbst im größten Leid und Schmerz hat Philipp diese Hoffnung in sich getragen: Jesus ist gut, bei Jesus gibt es ein Leben nach dem Tod.

Lassen wir diese Hoffnung weiterwachsen. Lassen wir den Samen von Philipp aufgehen, wachsen, sodass es immer mehr Menschen werden, die an Jesus glauben. Lassen wir Philipps große Hoffnung, dass wir uns alle im Himmel wiedersehen, wahr werden. Gehen wir hinaus und erzählen von unserem Gott, von Jesus. Dann könnte das größte Wunder passieren: innere Heilung, die jede körperliche Heilung in den Schatten stellt.

Geh los, trau dich! Sprich Menschen an, bete für sie, segne sie.

Gott segne dich für dein Tun!

Deine Simone und Julia

Quelle: YouTube-Video: „Das wären meine letzten Worte" von Philipp Mickenbecker

Der Verlag weist ausdrücklich darauf hin, dass im Text enthaltene externe Links vom Verlag nur bis zum Zeitpunkt der Buchveröffentlichung eingesehen werden konnten. Auf spätere Veränderungen hat der Verlag keinerlei Einfluss. Eine Haftung des Verlags ist daher ausgeschlossen.

Die in diesem Buch verwendeten Bibelstellen
wurden der folgenden Übersetzung entnommen:
Lutherbibel, revidiert 2017, © 2016 Deutsche Bibelgesellschaft,
Stuttgart (LU 2017)
Neue evangelistische Übersetzung, © Copyright 2003–2010
Christliche Verlagsgesellschaft, Dillenburg (NeÜ)
Neue Genfer Übersetzung – Neues Testament und Psalmen,
Copyright © 2011 Genfer Bibelgesellschaft (NGÜ)

© 2022 Gerth Medien
in der SCM Verlagsgruppe GmbH
Dillerberg 1, 35614 Asslar

1. Auflage Januar 2022
2. Auflage August 2022
Bestell-Nr. 817825
ISBN 978-3-95734-825-8

Umschlagfoto: VerisStudio, Schutterstock
Umschlaggestaltung: Hanni Plato
Satzlayout: Immanuel Grapentin
Satz: Uhl + Massopust, Aalen
Druck und Verarbeitung: Friedrich Pustet, Regensburg
Printed in Germany

www.gerth.de